Rudi Novotny

WORK-LOVE-BALANCE

Rudi Novotny

WORK-LOVE-BALANCE

In der Rush Hour des Lebens
wird es ernst

DUMONT

FSC
www.fsc.org
MIX
Papier aus verantwortungsvollen Quellen
FSC® C083411

Erste Auflage 2019

Umschlaggestaltung: Lübbeke Naumann Thoben, Köln
Satz: Fagott, Ffm
Gesetzt aus der Filosofia und der Centennial
Druck und Verarbeitung: CPI books GmbH, Leck
Gedruckt auf säurefreiem und chlorfrei gebleichtem Papier
Printed in Germany
ISBN 978-3-8321-8368-4

www.dumont-buchverlag.de

Für Jenni

WORK

Warum Frauen arbeiten müssen

Väter sind zu wichtig. Sie können sich nicht um ihre Kinder kümmern. Das war das Erste, was ich über Vereinbarkeit lernte. Von einer Kollegin. Wir saßen in einem Büro der Zeitung, für die wir arbeiteten. Es war mein erster Job, ich war jung, und von Kindern verstand ich nichts. Die Kollegin erklärte mir alles. Dass sie ein Jahr Elternzeit genommen habe. Dass unsere Chefs ihr diese Auszeit übel genommen hätten. Dass sie das schon vorher geahnt habe. »Wer ein Jahr weg ist und als Mutti zurückkommt, hat verloren«, sagte die Kollegin. »Was ist mit deinem Mann?«, fragte ich. »Der kann als Banker nicht länger raus aus seinem Job.« – »Wer sagt das?« – »Er.«

Das Gespräch ist einige Jahre her. Es hat mich nie mehr verlassen. Weil ich es seither immer wieder führe. Mit Bekannten, mit Kolleginnen, mit Freundinnen. Frauen, die studiert haben und emanzipiert sind. Sie erzählen, wie sie versagen, als Mutter, als Mitarbeiterin. Sie machen ihrem Arbeitgeber Vorwürfe und dem Staat und sich selbst. Nur einem nie: ihrem Mann.

Der macht, was er kann. Leider ist das nie viel. Der Rest wird von den Frauen übernommen. Die auch erklären können, wieso es ausgerechnet ihrem Mann unmöglich ist, mehr zu tun. Da gibt es den befristeten Wissenschaftler, den selbstständigen Architekten, den unverzichtbaren Erzieher, den beförderten Geschäftsführer. Ihre Jobs sind zu fest, zu wackelig, zu wichtig – und immer unvereinbar mit Teilzeit oder längerer Kinderbetreuung.

Das war das Zweite, was ich über die Vereinbarkeit lernte. Die Jobs der Mütter sind nie zu wichtig. Mütter können sich immer um die Kinder kümmern. Sagen die Mütter.

Die Beobachtung aus dem Bekanntenkreis gilt für die ganze Republik. Lediglich ein Drittel der deutschen Väter geht in Elternzeit. Neunundsiebzig Prozent davon für höchstens zwei Monate. In fast drei Viertel aller Familien arbeitet der Vater Vollzeit, während die Mutter geringfügig beschäftigt ist, als Teilzeitkraft arbeitet oder gar nicht. Dabei wollen sich sechzig Prozent der Paare mit Kindern unter drei Jahren die Pflichten in Haushalt und Beruf fair teilen. So steht es im Väterreport der Bundesregierung. Dort steht aber auch, dass dieses Vorhaben nur von vierzehn Prozent umgesetzt wird.

Gehen also nur die Männer in diesem Land unverzichtbaren Tätigkeiten nach? Machen Millionen von Frauen Jobs, auf die man – zumindest teilweise – verzichten kann?

Im Jahr 2015 befragte das Allensbach-Institut Paare, die ein junges Kind hatten, nach welchen Kriterien sie Job und Haushalt aufteilen würden. Siebzig Prozent sagten, dass der Wunsch der Mutter, Zeit mit dem Kind zu verbringen, großen Einfluss hatte. Zwei Drittel nannten den Wunsch der Mutter, das Kind in den ersten Jahren zu betreuen. Nur bei sechsunddreißig Prozent spielten die Möglichkeiten der Mutter, ihren Beruf mit der Familie zu vereinbaren, eine große Rolle.

Anders gesagt: Die meisten Mütter verzichten gerne. Und die meisten Männer nehmen diesen Verzicht gerne an.

Natürlich darf jedes Paar selbst entscheiden, wer wann das Kind füttert, wickelt und bespaßt. Alles völlig okay. Wenn es das Paar glücklich macht. Emanzipiert ist das allerdings nicht. Doch die Debatte um Vereinbarkeit in diesem Land beruht auf der Annahme, dass Paare emanzipiert leben wollen. Deshalb wird um Kita-Ausbau und Krippenplätze gestritten, um Kindergeld und Homeoffice. Deshalb werden Streitschriften verfasst, die *Geht alles gar nicht* heißen oder *Die Alles-ist-möglich-Lüge*. Deshalb überbieten sich Politiker mit Ideen wie dem Anspruch auf Familienzeit oder gebührenfreien Kitas. Dabei wird gejammert und geklagt. Gerne über die familienfeindliche Wirtschaft. Noch lieber über den Staat, der zu wenig Hilfe bereitstellt. Als ob in den vergangenen Jahren nichts passiert wäre. Als ob es keinen Rechtsanspruch auf einen Kitaplatz gäbe und keine vierzehn Monate Elterngeld und kein Kindergeld und kein Elterngeld Plus und keine Teilzeitregelungen und tausend andere Leistungen, die die Vereinbarkeit erleichtern sollen. Trotzdem heulen die deutschen Eltern, als wären sie ihre eigenen verwöhnten Kinder.

Vielleicht ist es an der Zeit, den Fokus der Vereinbarkeitsdebatte zu verrücken, ein paar Wirklichkeiten anzuerkennen und nach Gründen zu fragen. Warum fügen sich viele Frauen in traditionelle Rollen? Was hält so viele Männer davon ab, mehr Zeit mit ihren Kindern zu verbringen? Müssen Beziehungen überhaupt emanzipiert sein?

In der Gegend, in der ich aufgewachsen bin, waren Beziehungen emanzipiert. Bis ein Kind geboren wurde. Danach waren sie gefühlt emanzipiert. Der Vater kümmerte sich um das Geld, die Mutter um das Kind, und beide wollten das so. Sagten sie. Auch die Mutter von nebenan, die bis vor Kurzem noch die Juristin von nebenan war: »Es ist ja meine Entscheidung. Niemand zwingt mich.« Ihr Mann, der immer noch der Jurist von nebenan war, stimmte zu: »Wer das Geld verdient, ist letztlich egal. Kommt sowieso alles zusammen.« Meine Eltern nickten und schenkten Kaffee nach. Sie hatten die beiden zum Sonntagsbrunch eingeladen. Samt Baby. Das kurz darauf im Wohnzimmer gewickelt wurde. Von der Mutter.

Ich saß dabei und sagte nichts. Ich dachte daran, was passiert, wenn nicht alles zusammenkommt, wie bei der einzigen Alleinerziehenden, die ich kannte. Wobei ich nur ihren Ruf und ihre Tochter kannte. Der Ruf war schlecht. Die Tochter schön. Vielleicht dachte ich auch nur an die Tochter.

Lydia ging auf unsere Schule, obwohl sie nicht dorthin passte. »Zu viel Schminke«, sagten unsere Eltern. »Zu viele Zigaretten«, sagten unsere Lehrer. »Zu viele Nebenjobs«, sagte Lydia und blickte auf den See, der ruhig vor uns lag, sich vor meinen Augen aber drehte. »Zu viel Bier«, sagte ich. Hinter uns wummerten die Bässe einer Party. Dann verließ mich das Bewusstsein. Lydia blieb. Die ganze Nacht und den ganzen Sommer. Immer, wenn sie nicht kellnern musste. Sie musste oft kellnern. Und wollte selten darüber reden.

Auf der Suche nach Worten fand ich Gemeinsamkeiten, die belanglos waren, und Lösungen, die nichts lösten, und als ich keine Worte mehr hatte, schrieb ich ihr ein Gedicht. »Dein Mund schweigt, Dein Körper erklärt.« – »Süß«, sagte sie. Dann redete ihr Körper. Und das genügt dir?, fragten meine Freunde. Ihr kennt sie nicht, antwortete ich und redete über Ungerechtigkeit, Willensstärke und Potenzial.

Als der Sommer vorbei war, verließ Lydia erst unsere Schule, dann mich. Die Schule für einen Ausbildungsplatz. Mich für Rolf. Der hatte eine Fahrschule und fuhr sie zum Kellnern. »Und das genügt dir?«, fragte ich.

Es genügte ihr nicht. Aber das erfuhr ich erst Jahre später. Auf einer Konferenz, über die ich als Reporter berichtete. Die Konferenz versammelte kluge Wissenschaftler, die über noch klügere Fragen diskutierten. »Das ist zu klug, dafür wird sich keiner unserer Leser interessieren«, sagte der Chefredakteur. »Schreib am besten ein Porträt von so 'nem Nerd. Was schön Menschliches.«

Ich entschied mich für einen Nerd, der als Professor Krankheiten erforschte, vor denen jeder Angst hat. Das erschien mir sehr menschlich. Wir trafen uns zum Gespräch am Rande der Konferenz in einem Café. Der Professor hatte schütteres weißes Haar, unerschütterliches Selbstbewusstsein und seine Frau dabei. Ich erkannte Lydia sofort. Obwohl sie nur dezent geschminkt und ebenso dezent gealtert war. Sie blickte mich an, wurde rot, blickte weg. Wir klammerten uns an unsere Kaffeetassen.

Der Professor erzählte von seinen Erfolgen, den Krankheiten und wie alles zusammenhing. »Solche Forschung ist nur möglich, wenn Ihnen jemand den Rücken freihält«, sagte der Professor. Er lächelte Lydia an. »Ohne meine Frau, die Kind und Haushalt jongliert, wäre ich verloren.« Seine Hand tätschelte ihre. »Aber erzähl am besten selbst. Ich verschwinde kurz.« Er lachte. Und ging in Richtung Toilette.

Wir schauten ihm nach, schauten auf den Tisch, schauten uns an. Dann atmete ich durch und sagte: »Das soll ein menschliches Porträt werden. Du kannst also offen sprechen.« Lydia nickte, überlegte und begann zu reden. Erst stockend, dann schnell. Lydia erzählte alles. Wie sie das Abitur nachholte, weil sie nach dem Einzug bei Rolf weniger arbeiten musste. Wie sie an einer sehr guten Universität in unserer Gegend studierte und an einer noch besseren Uni in Übersee promovierte. Wie Rolf ihrem Leben verloren ging und der Professor darin auftauchte. Wie das ihre Forschung erst inspirierte und dann beendete. Weil sie sich jetzt allein um Kind und Haushalt kümmerte und nicht mehr arbeitete, trotz mehrerer Jobangebote. »Er ist eben unfähig als Vater und Hausmann.« Lydia versuchte zu lächeln. Ich blickte sie an. »Wieso gehst du nicht? Du hast so lange dafür gekämpft, dein altes Leben hinter dir zu lassen, unabhängig zu sein.« Lydia starrte auf den Tisch und sagte leise: »Weil mein Kind dann mein altes Leben hätte. Ohne Vater.«

Der Chefredakteur mochte das Porträt. Es sei wirklich sehr menschlich.

Die erste häufig ignorierte Wirklichkeit der Vereinbarkeitsdebatte ist, dass es schlecht zu den Klagen über Benachteiligung passt, wenn man sagen muss: Das größte Problem für die Vereinbarkeit sind die Frauen selbst.

Das zweitgrößte Problem sind die Männer. Die meisten von ihnen hören »Vereinbarkeit« und denken »Karriereknick«. Laut Väterreport hat fast jeder fünfte Vater aus Angst auf Elternzeit verzichtet. Das fehlende Geld, die beruflichen Nachteile, die dummen Sprüche. Alles Gründe – die sich nicht belegen lassen. Das Wissenschaftszentrum

Berlin untersuchte die Karrieren von Männern, die Elternzeit genommen hatten, und fand keinerlei berufliche Nachteile. Egal wie lange die Elternzeit dauerte, egal wie qualifiziert die Männer waren, egal ob sie in der Privatwirtschaft arbeiteten oder im öffentlichen Sektor.

Klar muss man auch verzichten während der Elternzeit. Es tut weh, zu sehen, wie der Kollege die eigenen Lieblingsprojekte umsetzt. Je lauter das Kind, je voller die Windel, desto schmerzhafter fehlen das Lob des Chefs, der Applaus der Kollegen, die Bewunderung der Praktikantin. Aber wie groß sind solche Opfer wirklich? Sie werden erbracht in einer der wohlhabendsten und abgesichertsten Gesellschaften aller Zeiten. Einer Gesellschaft, die diese Opfer finanziell abfedert und anerkennt.

Laut Allensbach-Umfrage sagen achtzig Prozent der Bevölkerung, dass ein guter Vater so viel Zeit wie möglich mit seinem Kind verbringt. Siebzig Prozent finden, dass er seine Partnerin bei ihren beruflichen Plänen unterstützen soll. »Ein solcher Vater folgt dem Leitbild gleichgestellter Partnerschaft und Elternschaft«, stellt das Familienministerium in seinem Väterreport fest.

Genau wie Mütter werden auch Väter heute mit Erwartungen konfrontiert. Niemand will ein schlechter, abwesender Vater sein. Selbst jene, die nie zu Hause sind. Sie erzählen von den Mühen, die sie für ihre Kinder auf sich nehmen. Der Geschäftsführer, der die Gutenachtgeschichte vorliest. Der Unternehmer, der am Wochenende nur den Kindern gehört. Der Manager, der zum Laternenumzug geht. Es ist wie bei den Deutschen und dem Umweltschutz: Wir alle wissen, dass unser Lebensstil niemals nachhaltig sein kann. Trotzdem versichern wir uns gegenseitig dauernd, dass dieses Land Vorreiter in Umweltfragen ist.

Nun sind wir auch Vorreiter bei der Emanzipation. Gefühlt. Und weil die Zahlen nicht stimmen, erfinden wir die »quality time«. Diese besonders intensive Viertelstunde, die die Führungskraft mit den Kindern verbringt. Sie gleicht alles aus. Auch, dass sich bei diesen Männern meist die Partnerin um die Familie kümmert. Zu neunundsiebzig Prozent, um genau zu sein. Egal, ob sie selbst Spitzenmanagerin ist oder Erzieherin. Das ergab eine Befragung der Frankfurt University of Applied Science. Trotzdem finden neunundfünfzig Prozent der Männer, dass die Erziehung der Kinder gleichberechtigt aufgeteilt ist. Dieses Denken betrifft nicht nur Führungskräfte. Als Wissenschaftler der University of California den Alltag von dreißig Familien in deren Wohnungen per Kamera beobachteten, fiel ihnen auf, dass nichts öfter auf den Filmen zu sehen war als Väter, die allein in einem Zimmer herumstanden. Sozialpsychologen sagen, dass Männer sich generell eher berechtigt fühlen, auch mal nichts zu tun.

Es gibt nur eine einzige familienpolitische Maßnahme, die Männern nahebringt, dass all dies nicht sein kann: Frauen, die ihnen erklären, dass auch Männer im Job verzichtbar sind.

Mein Freund Claude glaubte nicht nur daran, dass er auf der Arbeit unverzichtbar war. Er glaubte auch an die Unverzichtbarkeit von Arbeit. »Work ist für mich Life«, sagte er, als wir als Erstsemester nebeneinander in einem Wirtschaftsseminar saßen. Ich im Nebenfach und in der vergeblichen Hoffnung auf Erleuchtung. Claude als BWL-Student und in der berechtigten Hoffnung auf Karriere.

Nach der Universität trennten sich unsere Leben. Unsere Freundschaft blieb. Ich begann für ein Magazin zu schreiben, Claude begann Unternehmen zu beraten. Wenn wir uns trafen, musste ich ihm erklären, was mich an einem schlechtbezahlten Job glücklich machte, und er mir, was ihn an einem langweiligen Job glücklich machte. »Meine Arbeit ist nicht langweilig«, sagte Claude. »Sie hat einen Impact, einen sinnstiftenden Nutzen.« Zuletzt habe er bei einem Kunden die Produktivität verdoppelt, indem er dessen Sitzordnung bei Meetings verändert habe. »Ist das nicht geil?«, rief Claude. »Ich verändere mit ein paar Handgriffen die Sitzordnung und damit das Leben von Menschen.«

Dann veränderte sich sein eigenes Leben.

Claude wurde Vater. Und nahm Elternzeit. Auf Druck seiner Freundin. Die auch Unternehmen beriet. »Work ist für sie Life«, sagte Claude. Er seufzte. »Deshalb sitze ich jetzt drei Monate hier.« Claude deutete auf den Spielplatz vor sich, auf den Sandkasten, in dem sein kleiner Sohn hockte und ein paar andere Kinder. Die Kinder bauten Burgen, die wie Sandhaufen aussahen, buken Kuchen, die wie Sandhaufen aussahen, und schrien, wenn jemand ihre Sandhaufen berührte. Claude schüttelte den Kopf. »Sogar wenn du die Sandhaufen zu Märchenschlössern formst, plärren sie. Weil du sie kaputt gemacht ...« – »Wasa!«, rief sein Sohn. Er ließ seine Schaufel fallen, griff nach einem Eimer und wackelte los, quer über den Spielplatz. »Was Wasa?«, sagte ich. Claude erhob sich. »Wasser. Zweitwichtigste Währung hier. Nach Sand.«

Wir liefen dem Sohn hinterher, bis zu einer Pumpe, um die sich ein Dutzend Kinder drängten. Alle waren halb nackt und schmutzig, und alle wollten Wasa. Unbedingt.

Die Großen schubsten die Kleinen, die Kleinen schubsten die Kleinsten, die lagen heulend im Dreck. Eltern versuchten die Verteilung betont neutral zu regeln. »Finn, Finger weg.« – »Paula, abwarten.« – »Jonathan, lass doch erst mal das kleine Mädchen.« Claude bahnte seinem Sohn den Weg. Er hielt den Eimer fest, als ein Mädchen daran riss, stoppte eine Gießkanne, die auf die Nase seines Kindes zusteuerte, und füllte Wasser in das Gefäß. Als der Sohn aus dem Kinderpulk herauswackelte, strahlte er uns an. Dann quietschte er. Und kippte das Wasser auf den Weg. Und quietschte wieder. »Aber hier ist doch gar kein Sand!?«, rief ich. Claude zuckte mit den Schultern. »Versuch gar nicht erst, irgendwas zu verstehen. Es gibt keinen Grund.« Er sah mich an. »Das ist der Unterschied zwischen Arbeitswelt und Elternzeit. Mit Kollegen arbeitest du den ganzen Tag an sinnvollen Lösungen. Kindern schaust du den ganzen Tag bei sinnlosen Tätigkeiten zu.«

Nachdem seine Elternzeit vorbei war, kehrte Claude zurück in die Beratungsfirma. Die gerade umstrukturiert wurde. Ich traf Claude einige Monate nicht.

Als ich ihn endlich wiedertraf, sah er aus, als hätten wir uns Jahre nicht gesehen. »Wie läuft's?«, fragte ich. Es lief nicht gut. In der Chefetage herrschte absolutes Chaos und darunter noch mehr. Claudes Team waren die meisten Projekte entzogen worden. Sie sollten jetzt von einem anderen Team bearbeitet werden, dessen Leiter sich besser mit den neuen Chefs verstand. Allerdings war dieses Team auf Claude und seine Leute angewiesen. »Und wir blockieren jetzt alles.« Claude lachte. »Ich habe meinem Team sogar ein paar Pseudo-Tasks gegeben, damit das Controlling happy ist.« –

»Aber das ist doch alles völlig sinnlos!«, rief ich. – Er zuckte mit den Schultern. »So ist die Arbeitswelt.«

Nach der Geburt seines zweiten Kindes ging Claude noch mal in Elternzeit. Drei Monate hatte seine Frau wieder von ihm verlangt. Claude nahm zwölf. Ich besuchte ihn hin und wieder. Meist saß er auf dem Spielplatz. Und schaufelte Sand auf einen Haufen. Ganz ruhig.

Neben dem Glauben an die eigene Unverzichtbarkeit haben Männer noch ein anderes Problem mit der Vereinbarkeit. Das Baby. Und wie man es umsorgt. Väter sagen dann gerne mal: »Ich kann mit so kleinen Kindern einfach nichts anfangen.« Oder: »Seit sie Fußball spielen können, kann ich ihnen was bieten.« Oder: »Bevor die ein Jahr alt sind, ist die Mutterbindung das Wichtigste.« Typisch Mann? Man muss nicht lange suchen, um Frauen zu finden, die diese Meinungen bestärken. Etwa Alina Bronsky, Verfasserin der Streitschrift *Die Abschaffung der Mutter*. Die Autorin erklärte in einem Interview: »Schwangerschaft, Geburt und Stillen sorgen für eine kontinuierliche Innigkeit, die ein fürsorglicher Vater ergänzen, aber nicht ersetzen kann.« Eine gute These. Nur leider falsch. Das haben Studien von Michael Lamb ergeben, einem der renommiertesten Väterforscher der Welt. Danach können beide Eltern Innigkeit geben und sind auch gleich wichtig.

Nur stillen können Männer nicht. Doch nicht einmal die WHO insistiert auf mehr als ein halbes Jahr Muttermilch. Blieben noch acht Monate Elternzeit für den Vater. Theoretisch. Praktisch läuft die beliebteste Elternzeitvariante so ab: Nach Geburt des Kindes nimmt der Vater einen Monat Vaterzeit, um die Mutter zu unterstützen. Er wickelt das

Kind, schaut es verliebt an, und wenn es schreit, stillt die Mutter. Ein Jahr später nimmt er den zweiten Monat, um mit Mutter und Kind Urlaub zu machen. Er spielt mit dem Kind, schaut es verliebt an, und wenn es schreit, tröstet die Mutter. Der Vater bleibt auf der Ersatzbank. Oder wie es ein Freund sagte: »Ich hätte mich sicher gelangweilt, allein zu Hause mit dem Kind.«

Die Elternzeit hat das Potenzial, die Gesellschaft zu verbessern. Eltern zu werden verändert die Perspektive bei beiden, Frauen und Männern. So erhöhen etwa Vorstände die Gehälter ihrer weiblichen Angestellten, wenn ihr erstes Kind ein Mädchen ist. Töchter machen Männer offener für emanzipierte Beziehungen. Andersrum gilt: Lässt sich ein Vater auf sein Kind ein, wirkt sich das positiv auf dessen intellektuelle, soziale und emotionale Entwicklung aus und auf seine Empathiefähigkeit.

Nicht jeder Machismo kommt breitbeinig daher. Er kann sich leise in Beziehungen schleichen. Kinder zwingen Paare auszuhandeln, wie sie Haushalt und Job verteilen wollen. Die Ideale der Emanzipation werden runtergebrochen auf ein paar Fragen. Wer holt das Kind von der Kita ab? Wer kümmert sich, wenn es krank ist? Wessen Arbeit ist wichtiger? Einer muss verzichten. Es sollte nicht das Kind sein.

Die Kollegin, die mich in alle Probleme der Vereinbarkeit eingeführt hatte, hat mittlerweile ein zweites Kind. Und eine neue Stelle. Nicht mehr bei einer Tageszeitung, sondern bei einem Magazin. In Vollzeit. Ihr Mann ist immer noch als Banker tätig. Meist allerdings sitzt er auf Podien und erklärt, wie er das macht. Als Chef in Teilzeit zu arbeiten. Er gilt im Institut als Aushängeschild. Und unkündbar.

Ich ziehe um und suche wieder eine Heimat

Ich bin umgezogen. Von Berlin nach Hamburg. Das sind Welten. In Berlin behandeln sie ihre Kinder wie Tiere, in Hamburg ihre Tiere wie Kinder.

Zu der Zeit, als ich noch in Berliner Cafés saß, erzählte mir ein Freund die Geschichte von der Karawane, die mit einem Touristen durch die Wüste zieht. Am dritten Tag wird pausiert. Tourist (verärgert): »Wieso machen wir hier Rast?« Karawanenführer (gelassen): »Weil unsere Seele nachkommen muss.«

»Verstehst du«, sagte der Freund, »is' wie hier.«

In Berlin hat jeder ein Projekt.

Kürzlich saß ich vor einem Hamburger Café, neben dessen Tür zwei Männer standen. Blond, braun gebrannt, teutonisch groß. Einer der beiden hatte einen jungen Hund dabei, der von den anderen Gästen hysterisch geherzt wurde. Die Männer trugen maßgeschneiderte Sakkos und unterhielten sich über Ex-Frauen und das Immobiliengeschäft auf Ibiza.

In Hamburg hat jeder einen Job.

Als alle Immobilien besprochen waren, wollten die Männer ins Café. Hunde waren nicht erlaubt. Der Hundebesitzer guckte mich an: »Bist du noch bisschen hier?« – »Ja.« – »Dann pass doch mal auf das Tier auf.« – Ich wollte etwas sagen. Mir fiel nichts ein.

Auch ich bin wegen eines Jobs nach Hamburg gezogen.

Meine Seele irrt noch durch die andere Welt.

Ich suche eine Wohnung und blühe auf

Ich bin auf Wohnungssuche. Der neue Job: mehr Geld und mehr Arbeit, weniger versoffene WG-Nächte. Leider ist Wohnungssuche in einer Großstadt etwa so angenehm wie Rosen verkaufen. Wobei unter den Rosenverkäufern ein toller Zusammenhalt herrscht, sagt man, fast wie bei einer Familie. Was daran liegen könnte, dass sie meist aus einer Familie stammen und aus Ländern, in denen zwanzig Menschen in zwei Zimmern leben müssen.

Auch ich befand mich vor Kurzem mal wieder mit zwanzig Menschen in zwei Zimmern. Neunzehn Wohnungsbewerber, ein Wohnungsbesitzer. Die Bewerber-Jungs drückten dem Besitzer fest die Hand, wenn sie ihre Visitenkarte übergaben, die Bewerber-Mädchen trugen kurze Röcke und hauchten: »Finde ich toll, dass Sie sich persönlich kümmern!«

Eine Freundin von mir lebte einst in einer Hausboot-Kommune. Trinkwasser wurde gemeinsam angeschleppt. Duschwasser wurde auf dem Herd warm gemacht und nacheinander benutzt. Und der »Kacksack« wurde im wöchentlichen Wechsel von den Bewohnern weggebracht.

»Die glücklichste Zeit meines Lebens – als Gleiche unter Gleichen«, sagte die Freundin.

Ich frage mich, was sie von dem Parkett in dieser Zweizimmerwohnung halten würde.

Als ich dem Wohnungsbesitzer meine Karte gebe, steht eines der kurzberockten Mädchen neben mir. Sie schaut mich an und sagt: »Du bist Redakteur?« – »Ja.« – »Bei diesem Verlag?« – Ich nicke.

Morgen treffen wir uns. Vielleicht bringe ich eine Rose mit.

Ich arbeite zu viel, merke das aber zu spät

Ich mache Überstunden. Viele Überstunden. Irgendwann merkt man es selbst nicht mehr. Man braucht die Außenwelt.

Bei mir sind es Frauenstimmen, die mich informieren: »Leider rufen Sie außerhalb unserer Öffnungszeiten an …«

Neulich saß ich im Büro, und eine sprach zu mir: »Willst du nicht mal in dein neues Zuhause, statt in diesem Hamsterrad zu sitzen?« Erst dachte ich: Wow, das ist mal eine Ansage! Dann fiel mir auf, dass ich gar keinen Hörer in der Hand hatte. Ich zuckte zusammen – Halluzinationen! Es war doch nur unsere Sekretärin.

Früher gab es die Stimme meiner Freundin. Wir waren gerade zusammengezogen, ich hatte meinen ersten Job. Als ich zu Anfang noch um neun Uhr abends im Büro saß, klang sie besorgt: »Du arbeitest zu viel!« Nach ein paar Monaten klang sie ärgerlich: »Kommst du nach Hause?« Später war ihre Stimme meist nur laut: »Muss ich alles allein machen?«

Irgendwann gab es keine Stimme mehr.

Mein letzter Chef hatte als junger Journalist einst die Chance, sein Autoren-Idol zu interviewen: Thomas Pynchon. Leider mitten in den Flitterwochen. Er fuhr dann einfach auf der Hochzeitsreise bei Pynchon vorbei. »Du musst dieses Leben teilen!«, sagte der Chef zu mir.

Ein halbes Jahr später war er geschieden.

Ich fahre jetzt den Computer runter. Unsere Sekretärin ist schon weg.

Ich gebe viel preis, aber was bleibt von mir?

Ich habe einen Text geschrieben. Das ist an sich nichts Neues. Das ist mein Beruf. Der Text handelte von privaten Erfahrungen. Beziehungen, Trennungen, Gefühlen. Liebeschaos. Das war schon etwas Neues für mich.

»Ist er gut?«, fragte ich eine erfahrene Kollegin. »Liest man gerne«, sagte die Kollegin. »Aber du gibst sehr viel von dir preis.«

Als ich auf die Journalistenschule ging, besuchte uns eines Tages ein sehr berühmter, sehr kranker Reporter. Er sprach über das Schreiben und worauf es ankomme als Journalist. Dann signierte er einige seiner Bücher. Kurz darauf starb er. Der Reporter hinterließ eine Tochter in meinem Alter und in meiner Erinnerung eine Anekdote: In Erwartung seines baldigen Todes sei er an den Bücherschrank getreten, habe seine Werke betrachtet und sich gefragt: »Wird etwas von mir bleiben?«

»Bei euch Journalisten ist das wie bei uns«, sagte ein Freund, der Tänzer ist. »Wir leben für unseren Beruf.« Er sprach von einsamen Stunden in der Turnhalle. Ich dachte an meinen Schreibtisch. Er erzählte, wie oft er an einer Drehung feilen müsse, bis sie sitze. Ich dachte an sprachliche Wendungen und wie lange man feilen muss, bis ein Satz endlich sitzt. »Aber wenn wir alles geben, werden wir vom Publikum mit Liebe überschüttet«, sagte der Freund und lächelte selig.

Eine Woche nachdem der Artikel erschienen war, bekam ich einen Stoß Leserbriefe. Ein Mann schrieb mir, dass er für meine Seele beten würde. Die restlichen Briefe stammten von Frauen. Sie schrieben, dass ich sensibel sei und einfühlsam und der erste Mann, der sie wirklich verstehen würde. Und wenn ich nur wolle, dann würden sie mich auch retten, aus meinem Liebeschaos.

Ich beantwortete die Briefe mit förmlich-freundlichen Sätzen. »Schön, dass Sie den Artikel mögen.« Und: »Freut mich, Sie erfreut zu haben.« Und: »Danke für das Kompliment mit der Sensibilität.« Bei jedem Satz lächelte ich selig.

Nachdem ich alle Leserbriefe beantwortet hatte, fuhr ich zu meiner Wohnung. Draußen war es dunkel. Drinnen war es still und kühl. Ich überlegte, was ich tun könnte. Mir fiel nichts ein. Ich stand unschlüssig herum, dann ging ich an den Bücherschrank und suchte nach dem Buch des Reporters. Ich konnte es nicht finden. Seine Tochter ist vor Kurzem Mutter geworden.

Ich habe ein Projekt und andere Interessen

Ich habe eine Aufgabe. Eine mit Verantwortung. Es geht um ein Projekt. »Das ist ein großes Ding«, sagte mein Chef und lehnte sich über seinen Schreibtisch. Fester Blick, Erläuterung der Situation. Es war eine sehr lange Erläuterung. Die Situation war schwierig. Er nannte sie »die Gefechtslage«.

Ich dachte daran, wie ich einst den Wehrdienst verweigerte. Ich sagte: »Das ehrt mich. Aber es gibt doch sicher viel erfahrenere Kollegen?« Der Chef schob mir eine Tasse Kaffee über den Schreibtisch. »Wir hier sind eine Wohngemeinschaft, eine Familie, wir teilen dieses Leben. Uns trennen keine Jahre, uns verbindet Vertrauen.«

Leicht benommen trat ich aus seinem Büro.

Meine letzte Wohngemeinschaft endete mit Streit um das dreckige Geschirr.

Meine letzte Familienzusammenkunft endete mit der Scheidung meiner Eltern.

Und das letzte Mal, als jemand ein Unternehmen mit dem eigenen Leben gleichsetzte, ging es um den radikalen Umbau der Zeitung, für die ich damals arbeitete. Auf dem Podium referierte an jenem Tag ein Konzernleiter über Effizienz – bis ihn eine Politikredakteurin unterbrach: »Aber die Zeitung, das ist unser Leben!« Der Konzernleiter blaffte: »Wir hätten auch gleich den Stecker ziehen können.« Die Politikredakteurin begann zu weinen.

Die Szene erinnerte mich an die Tiefpunkte meiner Teenager-Liebschaften.

Ich bin in einer Kleinstadt aufgewachsen. Unsere Erwartungen an Beziehungen waren von traditionellen Rollenbildern geprägt, zumindest im Alter zwischen vierzehn und siebzehn.

Meine erste Freundin hieß Michaela. Sie gab mir eine Kette mit ihrem Namen und glaubte, dass nun das gemeinsame Leben beginnt. Ich gab ihr einen Kuss mit Zunge und glaubte, dass nun das gemeinsame Sexleben beginnt. Drei Monate später war nichts passiert, aber alles vorbei.

Bedingungslose Romantik und handfeste Interessen gehen selten zusammen.

Vielleicht sollte ich noch mal mit meinem Chef über das Projekt reden. Morgen. Heute liegt sein Büro verlassen da. Nur die dreckigen Kaffeetassen, die stehen noch auf dem Tisch.

Ich reise viel, aber der Glamour bleibt aus

Ich bin auf Dienstreise in Übersee. Als ich Bekannten vorher davon erzählte, gaben sie mir Tipps für geheime Bars, Clubs und Restaurants. Ich könnte jetzt als Stadtführer arbeiten.

Ein älterer Vorgesetzter berichtete mir einst von seiner Affäre. Es begann in einem Hotelzimmer, wo er, seine Sekretärin und ein Assistent so viel tranken, dass der Assistent irgendwann bewusstlos neben dem Bett lag. »Auf dem wir dann Sex hatten«, sagte der Vorgesetzte. »Wie das auf solchen Reisen eben so ist.«

Auf meiner Dienstreise traf ich viele Frauen. Es ging um sexuellen Missbrauch. Ich schlief wenig und schlecht und fuhr am Wochenende zu Freunden aufs Land. Die Freunde entschieden, dass wir in eine Bar gehen müssten. An der Bar wurde mein Ausweis verlangt. Die Freunde sagten: »Wir haben noch einen guten Whiskey zu Hause.«

Ein paar Stunden später erwachte ich auf ihrem Sofa, in der Hand ein Glas Whiskey, auf dem Bauch eine Katze und auf dem Fernsehschirm vor mir Madonna mit einem sehr jungen Tänzer. Sie hatten sich auf Madonnas Tour kennengelernt. Mein Glas war noch voll.

Ich gehe joggen, weil ich keine Katzen habe

Ich wohne alleine. Komme ich nach Hause, herrscht Stille. Manchmal lasse ich Musik laufen. Manchmal gehe ich joggen. Manchmal simse ich anderen Menschen und frage, ob wir etwas unternehmen wollen. »Haustier zulegen?«, simst eine Freundin zurück. »Für schlechtes Gewissen bei langer Arbeit?«, simse ich. »Für große Freude bei nach Hause kommen!«, simst sie. »Cupido und Luzifer – ganz viel Liebe!!! :))))« Cupido und Luzifer sind ihre Katzen. Viel Fell, viel Fett. Die Katzen nennt sie Kinder. Kinder mag sie nicht.

Auch mein Patenonkel mag keine Kinder. In Ungarn war er Gutsherr, bevor er Flüchtling wurde. In Kalifornien versuchte er sich als Philosoph, dann als Psychologe, dann als Reitlehrer. Außerdem wurde er vom Hetero- zum Homosexuellen.

Dem ist nichts Menschliches fremd, dachte ich. Dann fuhren wir zu einer Party.

Sie fand bei Bekannten statt, in einem Vorort, der Jahre

zuvor durch einen Waldbrand vernichtet wurde. Auch das Haus der Bekannten brannte nieder, samt Gemäldesammlung. »Weißt du, wieso sie nichts retten konnten?«, fragte mein Onkel. »Weil es für sie wichtiger war, den Hund aus dem Haus zu locken! Unfassbar!«, rief mein Onkel. Er parkte ein und sah mich an. »Tiere haben weder Verstand noch Gefühl. Sie sind wie Kinder, die nie erwachsen werden.«

Das mit dem Gefühl bezweifele ich.

Der letzte meiner Freunde, der sein Alleinsein durch ein Tier zu lindern versuchte, war Musiker. Er legte sich einen Mops zu. Der Mops war sensibel, der Musiker oft auf Tour. Verließ er die Wohnung, verweigerte das Tier die Nahrung. Eines Tages erreichte ihn der Anruf eines Nachbarn. Der Mops stehe auf dem Balkongeländer, ob das normal sei? Nein, sagte der Musiker. Bevor der Nachbar die Tür aufbrechen konnte, sprang der Mops in die Tiefe.

Die Freundin kann heute nicht. Cupido und Luzifer müssen zum Katzenpsychiater.

Ich freue mich aufs Joggen.

Ich bin fast zu effizient für das Wesentliche

Ich habe Besuch. Meine Mutter ist da. Für fünf Tage. Es ist ihr erster Urlaub in Hamburg. Sie war zwar schon einmal hier. Aber das zählt nicht.

Damals war es Herbst, es regnete, und ich war Abiturient. Meine Mutter hatte Urlaub genommen und half mir, Möbel aufzubauen, die aus meinem Kinderzimmer stammten. Als alle Möbel aufgebaut waren, war ihr Urlaub vorbei, und sie fuhr zurück in das Städtchen im Süden, aus dem ich gerade weggezogen war.

In den nächsten Jahren zog ich noch einige Male um. Von Hamburg nach München nach Berlin nach London nach Frankfurt. Ich schrieb Examen und Artikel, ich führte Interviews und Beziehungen, ich lernte Gefühle kennen und Länder und Menschen.

Seit Kurzem bin ich wieder in Hamburg. Meine Möbel stammen nicht mehr aus dem Kinderzimmer, und meine Mutter muss keinen Urlaub mehr nehmen. Sie ist Rentnerin.

Ich stellte eine Liste zusammen. Fünf Tage, sechs Museen, siebzehn Sehenswürdigkeiten, inklusive Fahrten durch die Stadt, über die Elbe und in die Umgebung. Ich war erschöpft, aber zufrieden.

Das effizienteste Mitglied unserer Familie war Onkel Hans. Er war Manager, Rennfahrer und irgendwann auch Millionär. »Weil ich schneller und mehr arbeite als die anderen«, sagte Onkel Hans und lächelte. »Weil er schneller und mehr arbeitet als die anderen«, sagte seine Frau und lächelte nicht.

Jedes Jahr machte Onkel Hans das Deutsche Sportabzeichen. In Gold. Mit fünfzig überrundete er Dreißigjährige, mit sechzig überrundete er Fünfzigjährige, und mit siebzig taumelte er im Zieleinlauf und hatte einen Herzinfarkt.

Als er aus dem künstlichen Koma erwachte, stand seine Frau am Bett. »Wie geht es dir?«, fragte sie. »Reicht die Zeit?«, fragte Onkel Hans.

Als der Zug meiner Mutter aus dem Städtchen im Süden am Bahnhof eintraf, begann ich mit der Tour. Wir besichtigten den Hafen, den Elbstrand, die Alster, die Reeperbahn, das Schanzenviertel und die Philharmonie: »Wie findest du es?«, fragte ich. – »Beeindruckend«, sagte meine Mutter. – »Und das alles haben wir beim letzten Mal verpasst«, sagte ich. Meine Mutter schüttelte den Kopf: »Wir haben das letzte Mal nichts verpasst.«

Ich denke an den Segen alkoholischer Getränke

Ich wurde kritisiert. Von einer Freundin. Es ging um einen Artikel. Die Freundin ist eine bekannte Feministin und Journalistin und schrieb mir, mein Artikel bediene Vorurteile gegen Frauen.

Ich schrieb zurück: »Aber ich habe gar keine Vorurteile gegen Frauen.«

»Ich weiß«, antwortete die Freundin, »die Kritik ist ja auch nicht persönlich gemeint.«

»Wie denn bitte sonst?«, fragte ich.

»Beruflich«, schrieb sie.

Danach schrieb ich erst einmal nichts mehr. Ich war ein bisschen wütend.

»Wer Beschimpfungen nicht aushält, ist in unserem Job falsch!«, sagte mein allererster Chef bei unserem allerersten Treffen. Wir saßen in seinem Büro, es war mein Bewerbungsgespräch. In dem Magazin, in dem er arbeitete, war der Chef eine Legende. Er hatte weite Teile des Blattes umgestaltet. Mehr Bilder, mehr Formen, mehr Leben. Der Chef zog einen Ordner aus dem Schrank. »Was glauben Sie, was das ist?« – »Ein Ordner«, sagte ich, um auf der sicheren Seite zu sein. – »Ein Dokument des Hasses!«, rief mein Chef und warf den Ordner auf den Tisch. »Briefe und E-Mails von Lesern und Kollegen, denen meine Arbeit nicht passt!« Der Ordner war dick. Sehr dick. Der Chef blätterte durch die Seiten, klappte den Ordner zu und sagte: »Nur die Harten kommen in den Garten!«

Ich bekam den Job. Das Magazin bekam finanzielle Probleme. Und mein Chef einen Herzinfarkt.

Kritik von Lesern und Kollegen bin ich mittlerweile gewohnt. Auch von Freunden. Wobei es schon ein bisschen her ist, dass ein Freund dabei zwischen Person und Umständen trennte.

Mario und ich hatten zusammen den Kindergarten besucht und die Grundschule. Wir hatten Playmobil miteinander gespielt und Fußball. Jetzt waren wir fünfzehn. Ich steckte in der Pubertät. Mario steckte in Mickymaus-Pullovern. Er lehnte die Pubertät ab.

»Ich mag dich«, sagte Mario. »Aber du benutzt Wörter wie ›cool‹ und ›geil‹. Außerdem gab es bei deiner Geburtstagsparty Alkohol und Mädchen.« Deshalb sei er nicht gekommen, trotz Einladung. Seine Vorwürfe entsprachen der Wahrheit. »Zum Glück«, sagte ich. »Okay, dann müssen wir jetzt leider getrennte Wege gehen«, sagte Mario. So etwas hat nie wieder ein Mann zu mir gesagt.

Marios Weg führte ihn als Austauschschüler nach Liverpool und dort auf ein Punkkonzert. Das Konzert fand auf einem Hausboot statt, Marios Entjungferung auf der Toilette des Bootes. Ihr Name war wohl Polly. Aber so ganz genau wusste Mario das nicht mehr, nach neun Bier.

Morgen gehe ich mit der Freundin etwas trinken. Privat.

Ich will nicht wie Familie Klammer enden

Ich soll angestellt werden. Mit Festvertrag. Unbefristet und gut bezahlt. Der Traum meiner Generation. Sagt mein Chef.

Er sagt auch: »Verbindlichkeit ist uns wichtig. Unsere Mitarbeiter sollen Planungssicherheit haben.« – »Danke«, sage ich und überlege, was ich planen könnte. Mir fällt nichts ein. Mein Chef schaut mich an. Ich sage noch einmal: »Danke.« Mein Chef legt den Vertrag auf den Tisch. Ein paar Blatt Papier. »Damit ist dir ein solider Lebensentwurf möglich.« Er lächelt.

Ich kenne die Träume meiner Generation nicht.

Bisher hatte ich erst ein Mal eine feste Anstellung. Ein Zeitvertrag bei einer wackeligen Zeitung. Keiner wusste, ob es morgen weitergeht, keiner wusste, was morgen gedruckt wird. Ich schrieb über Rapper, die Konzerte im Puff gaben, und ehemalige It-Girls, die dort selbst verfasste Lyrik lasen. Ich interviewte Urlauber, die aus Krisengebieten kamen, und Arbeiter, deren Firma in der Krise steckte.

Ich arbeitete viel, schlief wenig und träumte nichts. Ich war glücklich.

Bevor mein Vertrag aufgelöst wurde, löste sich die Zeitung auf. Eigentlich war ich nie irgendwo fest angestellt.

Ich war immer frei.

Die solideste Familie, die mir bekannt ist, lebt in meinem Heimatdorf. Familie Klammer. Frau Klammer arbeitete als Angestellte bei der Sparkasse, Herr Klammer als Deutschlehrer an der Grundschule. Frau Klammer kochte gerne heimische Gerichte. Herr Klammer zitierte gerne heimische Poeten. Frau Klammer sei ein sehr schönes Mädchen gewesen, sagten alle. Herr Klammer sei ein Literat, sagte Frau Klammer. Jeden Samstagnachmittag gingen ihre Kinder ins Kino und die Rollläden ihrer Behausung runter. Für eine Stunde.

Die sind doch süß, sagte Marie. Niemals, sagte ich.

Marie war meine erste feste Freundin. Wir gingen zusammen auf die Schule, wir machten zusammen Abitur. Ich zog weg, in eine Stadt. Marie blieb im Dorf.

Die Stadt war groß und nicht solide.

Marie wollte abends telefonieren. Ich ging abends in Bars. Marie weinte.

Marie wollte mit mir zum sechzigsten Geburtstag ihrer Tante fahren. Ich fuhr mit Kommilitonen ans Meer. Marie weinte.

Marie wollte zu mir in die Stadt ziehen. Ich bewarb mich für ein Auslandssemester in London. Marie weinte. Und bewarb sich ebenfalls. Mit Erfolg.

Maries Semester begann zwei Monate früher als meins. Sie fuhr vor.

Als ich in London ankam, holte sie mich am Bahnhof ab. Sie sagte: »Ich habe mich verliebt. Es ist vorbei.« Ich weinte.

Die Klammers feiern dieses Jahr silberne Hochzeit. Vielleicht unterschreibe ich diesen Vertrag.

Ich mache Fehler und denke an Korfu

Ich habe einen Fehler gemacht. Es ging um einen Buchstaben. Klein statt groß. Der Fehler sei bei Weitem kleiner als der Buchstabe, sagte ich zu meinem Chef. »Mist«, sagte der Chef. Und: »Dafür halten wir aber keine Druckmaschine an.« Dann sagte er nichts mehr.

Das einzige Mal, dass ich beruflich länger über Fehler diskutierte, war in der Journalistenschule. Ein Dutzend motivierter Schüler und ein Dozent, der schon seit Langem Journalist war. Er erzählte von existenziellen Fehlern und solchen, bei denen es noch mal gut gegangen war. Zum Schluss sagte er: »Im Übrigen sind wir keine Ingenieure. Sprache hat nicht das Potenzial, eine Brücke einstürzen zu lassen.«

Ich habe in England studiert. An einer Universität mit vielen internationalen Studenten, meist Griechen. Manche wurden berühmt. Etwa Yanis Varoufakis, vor dem vielen Deutschen angst und bange war, weil sie fürchteten, dass ihnen ihre Euros abhandenkommen. Als ich an der Uni anfing, war Varoufakis schon weg. Dafür war Eleana da.

Eleana war eine Erasmus-Studentin aus Korfu und eher klein. Bis auf ihre Haare, die ein großer Haufen waren. Sie hatte weiche Hände und raue Füße, und als ich sie kennenlernte, nahm sie mich mit auf ihr Zimmer. Sie hatte zum ersten Mal Gin getrunken, und davon zu viel. Ich blieb bis zum Morgen. Als ich ging, schrieb ich meine Telefonnummer auf ein Blatt Papier. Unter fünf andere Nummern.

Sie rief an. Es war ein schönes Jahr. Wir schliefen und lernten miteinander, redeten über England und Deutschland und Korfu. Ich erzählte vom Holocaust-Mahnmal in Berlin und sie von Delfinen im Mittelmeer. Eleanas Lachen war größer als ihr Körper.

Dann war das Jahr vorbei, und Eleana wurde still. »Was

fehlt dir?«, fragte ich. »Meine Sprache«, sagte sie. »Ich hätte dir gerne erzählt, wie ich bin.«

Ich hatte Korfu vergessen, bis ich kürzlich eine Zeitung aufschlug. Die Zeitung forderte, dass die Griechen ihre Inseln verkaufen: »Motto: Ihr kriegt Kohle. Wir kriegen Korfu.«

Manchmal müsste man alle Druckmaschinen dieses Landes anhalten.

Ich bin ein Boy, der an Teilzeit denkt

Ich arbeite Vollzeit. Und denke über Teilzeit nach. Eine Kollegin schwärmte davon. Weniger Montag, mehr Sonntag. Weniger Arbeit, mehr Freizeit. Weniger Geld, mehr Leben. »Außerdem ist die einzig wichtige Deadline die unseres Lebens«, sagte die Kollegin, die gerade Mutter geworden ist und für ein Magazin arbeitet. Dort gebe es quasi nur vier Arbeitstage, sagte sie. »Außerdem würdest du damit die Gleichberechtigung unterstützen.« Ich nickte und schaute aus dem Fenster des Taxis, das uns durch Paris zu einem Interview mit einem Filmstar fuhr. Als einzige deutsche Journalisten.

Meinen ersten Vertrag hatte ich bei einer Regionalzeitung. In meinem Büro standen zwei Schreibtische. Einer gehörte mir, der andere einer Redakteurin, die Teilzeit arbeitete. Sie hatte einen Sohn, eine Tochter und einen Mann, der Reporter bei einem Magazin war. Vollzeit.

Die Redakteurin schrieb Geschichten über Menschen aus der Gegend. Sie hatte einen Haufen Preise gewonnen. Ihr

Mann schrieb Geschichten über Menschen aus aller Welt. Er hatte einen Berg Preise gewonnen. Die Redakteurin sagte, sie sei stolz auf ihn.

Drei Jahre teilten wir uns das Büro.

Nach einem Jahr diskutierten wir die Schulnoten der Kinder. Nach zwei Jahren half ich bei der Suche nach einem Nachhilfelehrer für den Sohn. Nach drei Jahren beriet ich die Tochter bei der Wahl der Universität.

Der Mann schrieb in jener Zeit mehrere Reportagen, etwa über ein Walfangschiff bei Grönland und einen Indianerstamm im Regenwald. Bei einer Preisverleihung wurde er gefragt, woher er seine Kraft nehme. Er sagte: »*Journalism is for boys.*«

Die Redakteurin sagte, dass die Männer meiner Generation sicher anders seien.

Ich bin mir da nicht so sicher. Ich kenne nur einen Mann in meinem Alter, der nie Junge sein wollte. Einen Autor, den ich vor Jahren interviewte. Der Autor war unbeliebt. In Artikeln stand, er sei glatt und eitel. Und in den Kommentaren darunter stand es auch.

Wir trafen uns vor seiner einstigen Schule. Er trug Nadelstreifen und eine lachsfarbene Seidenkrawatte. Die Schule trug Betongrau und Graffiti. »Alles versifft! Wie damals«, sagte der Autor. Er sei schon als Schüler im Anzug gekommen. »Wird man da nicht gemobbt?«, fragte ich. Er erzählte mir von seiner Familie. Es ging um Väter und Großväter, um Hilflosigkeit und Holocaust. Am Ende sagte der Autor: »Deshalb wollte ich kein Kind sein.«

In Paris, am Interviewort angekommen, wünschte uns der Fahrer einen schönen Sonntag. Die Kollegin sagte, ihre

Tochter sei bei den Eltern. »Betreuungslücke.« Ich verstand. *Journalism is for girls and boys.* Vielleicht wäre Teilzeit ein Anfang.

Ich glaube nicht an rettende Prozesse

Ich besuche ein Seminar. Es geht um Führung. Früher hielten Führer Reden oder Waffen oder beides. Kurz darauf waren meist viele Menschen tot. Im Seminar halten wir Stifte oder Zettel oder beides. Auf einen schrieb der Seminarleiter: »Führen heißt Prozesse moderieren.« Ich bin mir da nicht ganz sicher.

Über Prozesse diskutierte ich zuletzt in einem Nagelstudio. Dort feilte eine Kosmetikerin an mir herum. Wir kennen uns schon lange. Meist reden wir über das Wochenende oder meine Nagelhäutchen. Diesmal erzählte sie von ihrem Freund, einem Sänger. Sie haben seit Jahren eine offene Beziehung. Auf seinen Wunsch. Für die Karriere. Seine Fans müssen träumen dürfen, sagt er. Die Kosmetikerin träumt von Haus und Kindern. »Das mit uns wird schon. Das ist halt ein Prozess bei ihm«, sagte sie. »Dir ist klar, dass er mit seinen Fans schläft?«, sagte ich. Sie weinte.

Ich war mal Praktikant bei einer bankrotten Zeitung. Um sie zu retten, verkündete der Herausgeber eine digitale Offensive. Da er aber zu alt sei für die digitale Welt, würde der Chefredakteur sich um diesen Prozess kümmern. Der Chefredakteur nickte und erklärte, dass es für die Einzelheiten einen Digitalbeauftragten gebe. Der Beauftragte besaß schmale Anzüge und schmale technische Geräte. Er sagte, er wolle sich mit den Jungen im Hause treffen. Den Digital Natives. Wir trafen uns, aßen Kekse, tranken Tee und redeten, bis wir uns hassten. Dann war mein Praktikum vorbei.

Vor Kurzem starb der Herausgeber. Die Zeitung ist schon länger tot. Meine Kosmetikerin ist jetzt Single. Sie sagt, sie fühle sich sehr lebendig.

Ich glaube an den Zweifel

Ich zweifle. An mir selbst. An meiner Schreibe. Das ist nicht neu. Das geht nicht nur mir so. Ein bekannter Journalist erklärte einst: *Writing is like fucking – only amateurs have fun.*

Neu ist, dass ich vor dem Computer sitze und es passiert: nichts. Meine Ideen sind naheliegend. Meine Worte sind Kreuzworträtsel. Meine Sätze sitzen selten. Ich sitze viel.

Ich suche Trost bei Familie und Kollegen. Meine Mutter sagt: »Stimmt, deine letzte Kolumne war flach. Hast du private Probleme?« Mein Chef sagt: »Du musst mehr Sex reinpacken. Wie da, wo du über die rauen Hände der Griechin geschrieben hast.« Meine Kollegin sagt: »Schreiben braucht Mut. Glaub an dich!«

Ich verlor meinen Glauben im Studium, als ich Sartre las. Danach lag ich drei Wochen im Bett. Mein Mitbewohner machte sich Sorgen. Ich sagte, Sorgen seien sinnlos. Mein Mitbewohner brachte mir Essen. Ich sagte, Essen sei sinnlos. Irgendwann brachte mein Mitbewohner seine Freundin mit. Eine Zeugin Jehovas. »Warum glaubst du nicht?«, fragte sie. »Weil es keinen Sinn ergibt«, sagte ich. »Alles hat seinen Sinn«, sagte die Freundin, »auch wenn wir Menschen ihn nicht erkennen.« Die Freundin hatte einen ruhigen Tonfall. Das regte mich auf. Ich schrie: »Und welchen Sinn hatte Hitler?« Sie lächelte. »Er war gut zu Blondi.«

Vor Kurzem bin ich aus der Kirche ausgetreten. Auf dem Bezirksamt. Ich war in Begleitung dort. Meine Begleiterin saß mit mir vor der Tür und wartete. Als wir eintraten, deutete sie auf ein Schild. »Kirchenaustritte« stand dort und »Standesamt«. Ihre Finger umklammerten meine. Sie hat weiche Hände.

Ich glaube, ich glaube doch an was.

Ich muss noch viel über Hobbys lernen

Ich habe mich verändert. Durch die Arbeit. Bisschen direkter, bisschen gereizter. Die Welt erscheint mir langsam und nervt mich schnell.

»Déformation professionnelle«, sagt meine Kollegin, »du brauchst ein Hobby.« Ich nicke und denke an Yogamatten und Fitnessstudios. »Ich spiele Ukulele«, sagt die Kollegin. – »Und Yoga?«, frage ich. – Sie schüttelt den Kopf. »Selbstoptimierung. Fast so schlimm wie Fitnessstudio.« Ich sage nichts mehr. Sie lächelt. »Wenn ich die Seiten zupfe, bin ich raus aus der Welt. Pling, pling, pling. Du verstehst?«

Über Hobbys muss ich noch viel lernen. Dass Arbeit verändert, wusste ich schon.

Wir waren drei Jungs, ausgestattet mit Abitur und Affären, als unser Zivildienst in einer Behindertenwerkstätte begann. Unsere Tage starteten morgens um sieben, wenn wir die Behinderten aus den Bussen holten, und endeten abends um acht, wenn wir sie in die Busse brachten. Zwischendurch fuhren wir andere Busse umher. Mit Produkten aus der Werkstatt, mit Behinderten oder einfach so. Kamen wir nach Hause, fielen wir ins Bett und schliefen durch.

Nach ein paar Wochen waren wir drei Jungs, ausgestattet mit Abitur und Arbeit. Unsere Affären waren die Affären von anderen geworden. Neue Frauen waren nicht in Sicht.

Nach ein paar Monaten wussten wir nicht mehr, dass wir Jungs waren. Bis einer von uns eines Tages auf die Busse deutete: »Da!« Ich sah: eine Frau. Schwarze Schlangenlederhose, hennarote Haare. Und blaue Tränen, tätowiert unter das linke Auge. Die neue Krankengymnastin hielt morgens eine Zigarette in der Hand, abends eine Flasche. Wenn man genau hinsah, waren die Tränen etwas ausgeblichen und die Lederhose etwas eng. Wir waren alle therapiebedürftig.

Déformation professionnelle.

Vor Kurzem hat sich eine Freundin auf Elitepartner.de angemeldet. »Die Adresse für Singles mit Niveau«, schreibt der Anbieter. »hallo du wie honige frau«, schrieb der erste potenzielle Elitepartner. Danach meldeten sich ein »Achtsamkeitsberater«, ein »Zirkusdirektor Abtlg. Floh« und ein Mann, der Sex wollte.

Arbeit verändert die Perspektive. Auf alles.

Pling, pling, pling. Sie verstehen.

Ich denke an Samice und vergesse die Angst

Ich habe Angst. Ein Mensch, der mir viel bedeutet, will sich beruflich verändern. In eine neue Stadt ziehen. »Du weißt, das ändert nichts an uns«, sagt der Mensch. Ich denke an die Stadt. Sie ist so schön wie ihre Bewohner. Ich fühle mich hässlich.

Vor Kurzem kamen in der schönen Stadt viele Flüchtlinge an. Sie wurden mit Applaus begrüßt. Die Schlagzeilen riefen: »Das neue deutsche Sommermärchen!« Das ist ein paar Wochen her. Die Schlagzeilen haben sich geändert. Sie rufen jetzt: »Deutsche haben Angst vor Islamisierung!«

In meiner Klasse gab es eine Muslimin. Sie hatte schwarzes Haar und schwarze Augen und hieß Samira. Ich nannte sie Samice. Ich habe blaue Augen. Wir waren Freunde. Samice war mit ihren Eltern aus Bosnien geflohen. Dort schlachteten Christen Muslime ab. Als das Schlachten vorüber war, musste Samice zurück: abgeschoben. Einige Monate später kam eine Karte: »Du hast mich vergessen.« Ich antwortete: »Wie ist Dein neues Leben?« Sie schrieb: »Ich bin fremd hier.«

Aus Karten wurden Briefe wurden E-Mails. Samice machte Abitur, Samice hatte einen Freund und keinen Freund, Samice war wieder da. Als Austauschstudentin. Ich besuchte sie im Wohnheim. In jener Nacht hatten wir eine Augenfarbe. Sie flüsterte: »Du weißt, das ändert nichts an uns.«

Heute lehrt Samice Deutsch in Sarajevo. Mit Doktortitel und Kind. Wir sind Freunde.

Es wird sich viel verändern. Wir sollten keine Angst haben. Wir sollten Liebe wagen.

Ich sitze im Zug und denke an früher

Ich pendele. Nicht ein paar Kilometer. Ein paar Hundert Kilometer. Jedes Wochenende.

Wenn ich im Zug sitze, höre ich Sätze von Fremden, die ich nicht hören will. »Vor dem Magenband war ich fetter.« – »Den Griechen keinen Cent!« – »Mama, ist ein Pferdehengst etwas anderes als ein Papahengst?«

Bevor ich im Zug sitze, höre ich Sätze von Bekannten, die ich nicht hören will. »Fehlt da nicht die Nähe?«, fragen Kollegen. »Bist du sicher, dass es die Mühe wert ist?«, fragen Verwandte. »Warum baust du dir nichts mit Perspektive auf?«, fragt ein Freund.

Der Freund ist Zahnarzt. Wir teilten lange einen Schulweg und ganz kurz Laura. Dann kam das Abitur. Ich zog ins Ausland. Er zog zu Laura. Sie bauten ein Haus, eine Familie und einen Wintergarten auf.

Ich wohne zur Miete. Meine Familie ist auf mehrere Wohnungen verteilt. Und als ich das letzte Mal in einem Wintergarten stand, hielt ein Mann dort eine Trauerrede.

Der Mann war ein entfernter Onkel. Er war vom Azubi zum Chef geworden, seine Frau Hausfrau und Mutter. Vierzig Jahre an einem Ort. Vierzig Jahre keine Zeit. »Und jetzt ist es zu spät«, sagte der Onkel, der seit Kurzem Rentner war. Und jetzt Witwer.

Auf der Hochzeit des Freundes wurde getanzt. Erst tanzte das Brautpaar, und als alle Gäste weg waren, Laura mit mir. Sie tanzte langsam und eng und flüsterte. »Hättest du alles haben können, wärest du geblieben.«

Nähe ist keine Maßeinheit.

Nähe ist ein Gefühl.

Ich will kein Junge mehr sein

Ich habe ein Angebot. Mehr Geld, mehr Eckbüro, mehr Karriere. Klingt verlockend. Weniger schreiben, weniger reisen, weniger Freiheit. Klingt bedrückend. »Wir wollen dich fest in die Strukturen einbinden«, sagt mein Chef, »Verantwortung macht Jungs zu Männern.« Sein Lächeln spiegelt sich in der Tischplatte. Sicher war es früher jungenhaft.

Sicher war es nie so jungenhaft wie bei David, meinem Cousin. David war so alt wie ich, wirkte aber jugendlicher und lebte auch so. Als er dreizehn war, verschaffte ihm seine Jugendlichkeit eine ältere Freundin. Als er sechzehn war, verschaffte sie ihm drei Freundinnen, gleichzeitig. Frauen und Freunde und freien Eintritt – David hatte alles. Alles war zu viel.

Mit achtzehn fragte er seine Eltern nach dem Sinn des Lebens. Sie schwiegen. David wandte sich ab und Psychiatern, Gurus und Drogen zu. Seine Mutter weinte, sein Vater schimpfte. So ging es eine Weile, bis David eines Weihnachtstages eine Frau mit nach Hause brachte. »Ich werde Vater«, sagte er. Seine Mutter weinte, sein Vater schimpfte.

Es war die spektakulärste weihnachtliche Verkündigung

in der Familie, seit meine Oma verkündet hatte, dass unser Opa die gemeinsamen Jahrzehnte bald vergessen würde. »Ich werde ihn pflegen. Alleine«, erklärte sie, die Familie erklärte ihr, dass sie einen Pflegedienst brauche. Meine Oma sagte: »Ihr versteht das nicht, ihr seid Kinder.«

David hat mich neulich besucht. Mit seiner Tochter. Er sah älter aus als ich und benahm sich erwachsener. Wie ein Mann, der alles hat, was er braucht. Ich will kein Junge mehr sein.

Ich plane unser Leben und sehe viele Farben

Ich plane. Für das nächste Jahr. Für das Jahr nach dem nächsten Jahr. Ich plane mit Textmarkern auf Kalenderblättern. Verschiedene Farben für Projekte, Bücher, Urlaub. Der Mensch, der mir viel bedeutet, tritt ins Zimmer. »Was machst du da?« – »Ich plane unser Leben.« – Sie greift nach den Blättern, schaut darauf. »Wieso machst du das?« – »Weil dieses Leben sonst so unübersichtlich ist.«

Unter meinen Freunden war ich schon immer der Durchgeplanteste. Der Verplanteste war Florian. Wir lernten uns im ersten Semester kennen. »Ich will einen Roman schreiben«, sagte Florian. »Ich will Journalist werden«, sagte ich. Unsere Universität war groß, die Hörsäle waren voll, die Studenten viele. Es war beeindruckend. Die Studienbedingungen waren das Gegenteil.

Ich brach das Studium ab, wechselte auf die Journalistenschule, machte einen Bachelor im Ausland, machte einen

Master im Inland. Dann begann ich für eine Zeitung zu schreiben. Florian studierte mehrere Fächer an mehreren Universitäten in mehreren Ländern ohne einen Abschluss. Dann schrieb er mir eine Mail. Der Betreff lautete: »Ich plane :-).« Im Anhang war das Manuskript seines Romans: Struktur, Protagonisten, Deadlines. Ich schrieb ihm, dass ich mich freue. Er antwortete einige Wochen später. Ein Arzt hatte bei seiner Mutter Krebs festgestellt. Florian übernahm die Pflege. Der Betreff der Mail lautete »Planänderung«.

Noch nie wurde ein Leben vor meinen Augen durch eine Krankheit so über den Haufen geworfen. Das hatte bisher nur ein Algorithmus fertiggebracht. Von einer Online-Dating-Plattform. Der Algorithmus hatte einer Freundin als Partner einen Mann aus Patagonien vorgeschlagen. Die Freundin war Unternehmensberaterin in Düsseldorf. »Wir fanden das beide so lustig, dass wir gleich geskypt haben«, sagte sie das erste Mal, als sie von dem Mann erzählte. »Willst du uns in Patagonien besuchen?«, sagte sie das letzte Mal, als sie von dem Mann erzählte.

Der Mensch, der mir viel bedeutet, legt die Kalenderblätter zurück auf den Schreibtisch. Ich schaue auf die Blätter und sehe viele Farben. Sie hat einen Regenbogen gemalt. Ich frage: »Was machst du da?« – »Ich plane unser Leben.«

Ich bin still, die Welt ist munter

Ich schlafe schlecht. Fast jede Nacht. Lege ich mich ins Bett, sacke ich weg, für vier, fünf, manchmal sechs Stunden.

Dann schlage ich die Augen auf. Die Welt ist still. Ich bin munter. Und stelle Fragen. Über das Schreiben, die Liebe, die Zukunft. Ich durchsuche das Dunkel nach Antworten. Finde keine. Das regt mich auf. So sehr, dass ich nicht mehr schlafen kann. Bis es hell wird. Dann ist die Welt munter. Und ich bin still.

Manche Nacht besteht nur aus Fragen.

Manches Leben auch.

Ich lernte Raffael während des Studiums in England kennen. Wir wurden von Nachbarn in einem Wohnheim zu Freunden in einer Wohngemeinschaft. Raffael hatte Sizilien für London verlassen, den Katholizismus für die Philosophie, die Verlobte für wechselnde Freundinnen. Wenn es um seine Gründe ging, lachte Raffael. Und schwieg. Er redete nicht viel von sich. Er fragte lieber.

In Seminaren fragte Raffael laut nach der Objektivität von Wahrheit. Auf Partys fragte er laut nach der Existenz von Liebe. Und eines Nachts, auf unserer Couch, fragte er leise nach dem Sinn des Lebens. Ich hatte getrunken und wusste trotzdem keine Antwort. Alles war still. Raffael nahm meine Hand, beugte den Kopf herüber, bis seine Lippen ganz nah vor meinem Ohr standen. Die Lippen öffneten sich. Ich spürte seinen Atem. Alles blieb still. Bis heute.

Viele Journalisten schlafen schlecht. Leon schlief gut. Er war Redakteur bei jener Zeitung, bei der ich mein erstes Praktikum machte. Leon hatte mehrere Journalistenpreise gewonnen, mehrere Bücher geschrieben und mehrere Kinder gezeugt. Er betrat sein Büro um Punkt neun und verließ es um Punkt fünf. Um zwölf stand er in der Kantine, um eins lag er auf der Ledercouch in seinem Büro. Und schlief. Assistenten wählten die Nummer seines ausgeschalteten Telefons, Chefredakteure hämmerten an seine abgeschlossene Tür. Nichts passierte. Bis er um zehn vor zwei wieder auf dem Gang stand. Leon sah immer sehr erholt aus.

»Wie schaffst du das alles und bleibst dabei trotzdem so entspannt?«, fragte ich.

»Was alles?«, fragte Leon.

»Die ganzen Aufgaben«, sagte ich.

»Ich mache doch immer nur eine Sache«, sagte Leon.

Zu Weihnachten habe ich eine Karte von Raffael bekommen. Aus Sizilien. Er hat sich wieder verlobt. Ich werde ihm zurückschreiben. Vielleicht heute Nacht. Vielleicht morgen früh.

Ich war auf Heimaturlaub

Ich mache Urlaub. Dort, wo ich aufgewachsen bin. Heimaturlaub. So nennt das die Kollegin. Sie ruft: »Freunde treffen! Sich von Mama verwöhnen lassen!« Die Kollegin strahlt. Sie mag Heimaturlaub. »Und deine Ecke ist auch noch schön.«

Die Ecke ist wirklich schön. Ein Städtchen, mit Straßen aus Kopfsteinpflaster, Gaststätten mit Fachwerk. Als ich ein Kind war, war diese Ecke meine Welt. Ich lernte sie an der Hand meiner Mutter kennen. Ich lernte, dass meine Mutter nicht dazugehört. Niemand sah ihr das an. Jeder hörte ihr das an. Jeder, außer mir, der mit diesem Akzent aufgewachsen war. Ich hörte es von der Bibliothekarin, die fragte, ob meine Mutter jemanden habe, der mir vorlesen könne. Von dem Arzt, der meine Mutter fragte, ob sie Putzfrau sei. Anfangs erklärte meine Mutter, woher sie kam. Später machte sie Witze. Noch später sagte sie nichts mehr.

Vor ein paar Wochen schlenderte ich mit dem Menschen, der mir viel bedeutet, über Straßen aus Kopfsteinpflaster, vorbei an Gaststätten mit Fachwerk und an Menschen, die ihre Ecke für eine eigene Welt hielten. Man hörte es an ihren Sprechchören, las es auf ihren Plakaten und sah es an ihren Kreuzen und Fahnen und Fackeln. Ich wollte ihnen sagen, dass ich nicht dazugehöre, doch die Hand, die mich hielt, zog mich fort.

In meinem Urlaub lief ich der Bibliothekarin über den Weg. Sie sagte, aus mir sei was geworden.

Meine Heimat ist keine Ecke. Meine Heimat ist eine Hand.

Ich wähle eine Berufung

Ich bin auf Recherche. Eine Künstlerin begleiten. Den ersten Tag verbringen wir bis in die Nacht in ihrer Werkstatt. Den zweiten Tag ab dem Morgengrauen in einem Fernbus. Den dritten in einer Stadt mit vielen Galerien. »Nah dranbleiben!«, sagt mein Chef am Telefon, »so gewinnt man Journalistenpreise.« Ich nicke. Bei meiner ersten Zeitung hatte nur ein Redakteur einen Preis gewonnen. Für eine Reportage über eine Kneipe. Der Redakteur verließ seinen Schreibtisch nie. »Wie geht das?«, fragte ich. Der Redakteur lächelte. »Kluge Leute wählen eine Berufung. Schlaue einen Beruf.« Er wohnte über der Kneipe.

Niemand wählte seinen Beruf schlauer als mein Freund Mario. Was daran lag, dass er keinen Beruf wollte. Sondern

Ruhe und Reisen. »Und das gut bezahlt.« Mario wurde Diplomat. Seine Arbeitstage dauerten bis fünf Uhr. Seine Reisen fünf Wochen. Sein Gehalt lag nie unter 5000 Euro. Als ich ihn das erste Mal besuchte, lag er in einem Jacuzzi und lächelte. »So muss das immer sein.« So war es in Moskau, Paris und Rio. Dann wurde Mario nach Berlin versetzt, in die Poststelle. Als ich ihn das letzte Mal besuchte, lag er auf seinem Büro-Sofa. »So wird das immer sein.« Er lächelte nicht.

Der Redakteur arbeitet mittlerweile in der Kneipe. Die Künstlerin und ich gehen nachher was trinken. Könnte spät werden.

Ich will nicht vorn sein

Ich bilde mich fort. In einem Raum ohne Fenster und voller Menschen. Der Mann, der die Fortbildung leitet, sagt: »Eure *challenge* ist es, den *unique selling point* zu finden.« Der Mann hat wenig Haare und viel Oberkörper. Er sieht aus wie ein Fitnesstrainer. »*Brand awareness* ist ein *fight*. Da müsst ihr vorn sein, den *latest shit* kennen.« Er klingt auch wie ein Fitnesstrainer.

Und ein bisschen wie mein Freund Daniel.

Daniel war Einserschüler und Rennradfahrer. Immer vorn. Für seine Aufsätze erhielt er Preise. Für seine Rennen erhielt er Medaillen. Auf der Strecke verausgabte er sich, hinter der Ziellinie übergab er sich. In eine Tüte, die seine Mutter hielt. »Wie hältst du das durch?«, fragte ich. »Ich konzentriere mich nur auf mich«, sagte Daniel.

Dann kam das Landschulheim. Wir betraten als Kinder einzeln die Jugendherberge und kamen als jugendliche Pärchen heraus. Daniel nicht. Er hatte niemanden. »Ich konzentriere mich nur auf mich«, sagte er.

Das letzte Mal ganz vorn war ich im Salon eines Berliner Friseurs. Vor zwanzig Jahren. Der Friseur war so erfolglos, dass er cool war und deshalb Stammgast im Berghain. Meine Haare: an den Seiten raspelkurz, oben lang. »*The latest shit*«, sagte der Friseur. »Hitlerjugend«, sagten meine Freunde. »Prollig«, sagte meine Freundin. Ich versuchte mich auf mich selbst zu konzentrieren. Ein paar Tage. Dann rasierte ich mir den Kopf.

Nach der Fortbildung gingen wir feiern. Der Leiter blieb im Hotel, um zu arbeiten. Ganz vorn zu sein ist meist ein *fight*. Und manchmal nur *shit*. Ob Daniel jemanden hat, der ihm heute die Tüte hält?

Ich mache viel zu große Schritte

Ich renne. Atemlos von Projekt zu Projekt. Hole ich Luft, um mich auf eines zu konzentrieren, werde ich eingeholt. Von anderen Projekten. »Du musst Prioritäten setzen!«, ruft mein Chef. Er ruft noch mehr. Die Verbindung ist schlecht. Und seine Kinder sind zu laut.

Die Projekte kamen in mein Leben, als ich in die Großstadt zog. Jeder hatte dort ein Projekt. Das Studium, die Beziehung oder die Gesellschaft. Bei Lara war es all das. Dazu noch Kindersoldaten, Delfine, Sexismus, Rassismus und irgendwann ich. »Lass uns ein emanzipatorisches Projekt sein«, sagte Lara, »kleine Schritte verbessern die Welt.« Sie hatte grüne Augen, rote Haare und einen Teint, der zu beidem passte. Ich war einverstanden. Wir teilten unsere Wohnung mit Aktivisten, unser Essen mit Obdachlosen, und eines Tages sollte ich Lara mit Jörn teilen. Es war das Projektende.

Mein Beruf raubte mir auf der Journalistenschule zum ersten Mal den Atem. Wir entwickelten Magazine, machten Radio, schrieben Geschichten und redeten mit Reportern, die uns erzählten, wieso wir sie bewunderten. Wir bewunderten zuverlässig. Bis ein Mann kam, der schon lange kein Reporter mehr war. Apachen-Albert. Gekleidet in Lederweste, Lederhose und Lederhaut. Wohnhaft bei einem Indianerstamm, mit dem er gegen einen Staudamm kämpfte. Wir kicherten. Bis er von seinen Reportagen und Preisen erzählte und wir fragten: Wieso tauscht man Journalismus gegen eine Lederhose? »Weil Leben ein Dauerlauf mit Kurven sein sollte«, sagte Albert.

Lara und Jörn sind Eltern geworden. Das Kind wird beide Mama nennen. »Wider die patriarchalische Sprache«, sagt Lara.

Apachen-Albert kämpft jetzt gegen Fracking. Ich muss noch ein wenig rennen, um die kleinen Schritte zu beherrschen.

Ich habe einen Bart, aber reicht das?

Ich bekomme ein neues Büro. Passend zum neuen Job. Der Raum ist größer. Die Fenster sind höher. Die Möbel seriöser, handfester. Mehr Leder, mehr Volumen, mehr Masse. Ein Büro mit Gewicht. Manchmal liegt es auf meinen Schultern.

Viele Menschen suchen derzeit nach Handfestem. Frauen stricken oder kochen Marmelade ein oder bearbeiten ein Gemüsebeet in irgendeiner Großstadtregenrinne. Männer entdecken ihre Begeisterung für Grenzzäune oder Bärte. Ich habe auch einen Bart. »Aber dir fehlt es an Beständigkeit«, sagte mir eine Freundin. Wir hatten im Studium einst die Flüchtigkeit eines Moments geteilt. Nun saßen wir in einem Café voller Sessel, die nach Erbstück rochen. Die Beständigkeit der Freundin saß auch da, hörte auf den Namen Wolfgang und nannte die Freundin Kätzchen. »Mal Schmusekatze, mal Raubkatze.« Kichern, Küsse, Wolfgang entschuldigt sich. »Ganz kurz.« Ich vermute: die Prostata. Ich sage: »Ist er nicht etwas alt?« – »Wolfi steht mitten im Leben«, sagt die Freundin. »Er weiß, was er will.« – »Er nennt dich Kätzchen.« – Sie lächelt. »Jungen Männern wie dir wäre jedes Haustier zu viel.«

Als Kind besaß ich Rennmäuse. Jacques und George. Zwei Brüder. Der Händler hatte gesagt, dass Rennmäuse Körner fressen und am liebsten in ihrem Häuschen im Käfig sitzen. Das stimmte. Bei George. Jacques fraß Fruchtgummi und rannte durchs Wohnzimmer. Jeden Tag. Bis er eines Tages auf den Flur entwischte und von da ins Freie. Wo die Katze des Nachbarn saß.

Wolfgang hat vor Kurzem die Freundin verlassen. Für eine Jüngere.

Kein Leben ist handfester als Fruchtgummi.

Ich schreibe über das Abenteuer

Ich antworte auf einen Brief. Er ist von einer jungen Leserin. Sie fragt: »Ist die Liebe das Ende des Abenteuers? Erst gemeinsam auf der Couch, dann auf dem Spielplatz?«

Ich sitze alleine im Hotel und denke nach. Früher schrieb mir nur meine Tante Karin Briefe. Zu Ostern, zu Weihnachten. Tante Karin hatte Jürgen geheiratet, als sie von ihrer großen Liebe verlassen worden war, erzählten sich die Verwandten. Laut sei sie gewesen, großherzig – und schwanger.

Jürgen hatte ein eher kleines Herz. Dafür große Ordnung. Die Wohnung war nie wärmer als zwanzig Grad. Licht brannte dort, wo es gebraucht wurde. Wenn zu Winterbeginn noch Blätter an den Bäumen hingen, hing dort auch Tante Karin und pflückte sie ab. »Einer muss das Herdfeuer hüten«, sagte sie.

Als Student teilte ich eine Wohnung mit Johanna. Ihr Freund Stefan hatte Depressionen. Meist lag er auf dem Sofa, während sie kochte oder arbeitete. »Wieso machst du das?«, fragte ich Johanna. Weil ich ihn liebe, sagte Johanna. Nach zwei Semestern lag ein Zettel auf ihrem Sofa. »Ich muss gehen. Sonst gehst du kaputt.« Johanna weinte.

Ich erlebte Tante Karin nur einmal laut. Als sie mit Lungenentzündung im Hospiz lag und rief: »Keine Blätter mehr!« Am nächsten Tag war es Winter und sie tot.

Im Fernseher des Hotelzimmers flackert ein Feuer. Liebe ist nicht das Ende des Abenteuers. Liebe ist das Ende des Egoismus.

Ich spare nichts und denke an alte Freunde

Ich gebe mein Geld aus. Alles. Für Drinks an der Bar, für Essen im Restaurant. Für Bücher, Konzerte, Reisen. Willst du nichts sparen?, fragen Freunde. Wofür?, frage ich. Für die Zukunft, als Rücklage, sagen die Freunde.

Keiner meiner Freunde war sparsamer als Alex. Wir lernten uns in England kennen. Anfangs teilten wir den Studiengang, später ein Haus. Das Haus war alt, die Miete hoch. Was an Geld übrig blieb, gab ich aus. »Du bist ein Verschwender«, sagte Alex. Bücher lieh er sich in der Bibliothek aus. Konzerte sah er sich auf YouTube an. Dabei kochte er. Meist etwas mit Kartoffeln. Oder nur Kartoffeln. Sparte er auf etwas? »Auf eine Farm.«

Keiner meiner Freunde verstand mehr vom Kapitalismus als Lars. Als Lars fünf Jahre alt war, pflückte er für zehn Pfennig das Stück Schnecken vom Salat im elterlichen Garten. Als er zehn Jahre alt war, ließ Lars die Nachbarskinder seinen Hamster hüten. Gegen Geld. Später kaufte er Aktien und sagte nicht, von welchen Firmen. Noch später starb seine Oma, und Lars kaufte sich eine Farm irgendwo in Südamerika, am Ozean, mit Motorboot. Dazu gab es Frauen, die auch ein bisschen gekauft aussahen. Zumindest auf den Bildern, die er mir schickte. »Besuch mich!« stand darüber.

Jedes Jahr bekam ich eine Einladung von Lars. Dann brach der Ölpreis ein und eine Revolution in seiner neuen Heimat aus. Es gab viele Bilder von der Revolution. Und keine Bilder mehr von Lars.

Gestern habe ich eine Einladung erhalten. Auch Alex hat sich eine Farm gekauft. Irgendwo in Afrika. Ich werde im Sommer hinfliegen. Wenn ich genug gespart habe.

Ich brauche mehr Platz

Ich fühle mich beengt. Ganz schnell, ganz häufig. In Beziehungen, in Fahrstühlen, sogar beim Schreiben. Kurze Sätze. Verkürzte Gedanken. Gerade wieder. Wieso? Übergriffige Chefs, sagt eine Freundin. Übergriffige Frauen, sagt der Chef. Deine Geburt, sagt meine Mutter, stundenlang hast du im Geburtskanal festgesteckt. Ich sage nichts.

Kurz nachdem ich den Geburtskanal verlassen hatte, zog Familie Graf in die Nachbarschaft. Frau Graf passte auf die Kinder und den Garten auf. Herr Graf passte auf seine Frau auf. Er lachte, sie lächelte. Er hielt, sie schmiegte. Er malte, sie bewunderte. Sonst bewunderten nicht viele.

Die Kinder hatten das Haus kaum verlassen, da starb Herr Graf. Frau Graf weinte und begann zu malen. Erst für sich, dann für andere, dann für Museen.

Übergriffige Frauen? Chefs? Vielleicht brauche ich nur ein bisschen mehr Raum. Etwas mehr als im Geburtskanal. Etwas mehr als diese paar Zei

Ich will die Welt im Anzug verlassen

Ich habe einen Nachbarn. Glaube ich. Auf seinem Klingelschild steht »Dr. Hofer«. Ich sehe ihn nie. Ich höre ihn dauernd. Wenn er die Eltern aus der Wohnung obendrüber anbrüllt, wegen ihres Kindes. Wenn er gegen meine Wand klopft, wegen meiner Musik. Manchmal höre ich auch nur seinen Fernseher. Ich glaube, er ist alt.

Als ich so jung war, dass alle Erwachsenen alt schienen, lebte nebenan ein Mann, der mir noch etwas älter vorkam. Herr Waldheim hatte einen Garten mit Jägerzaun, eine Ehefrau mit Dauerwelle und einen Dackel mit einer ähnlichen Frisur. Die Ehefrau sah ich selten. Den Dackel sah ich immer, wenn wir vor der Hofeinfahrt Fußball spielten. Dann trat Herr Waldheim mit seinem Hund vor das Haus und gab ihm viel Leine. Der Dackel bellte, wir schrien, Herr Waldheim lachte. Wenn sich meine Mutter bei ihm darüber beklagte, sagte Herr Waldheim: »Ich verstehe nichts.« Meine Mutter hat einen ungarischen Akzent. Wenn sich mein Vater beklagte, sagte Herr Waldheim: »Ich bedauere das sehr.« Mein Vater hat einen Doktortitel. Der Titel half auch bei Behörden, Handwerkern und Lehrern. Der Akzent half nie. Viele Jahre erschien mir ein Doktortitel als erstrebenswert. Dann zog ich weg aus unserer Kleinstadt.

Neben meinem Vater gab es in unserer Familie einen weiteren Doktor. Meinen Großonkel. Er wurde vor dem Krieg auf einem Landgut geboren. Dort kümmerten sich Dienstmädchen um den Hof, Reitlehrer um das Gestüt und Erzieherinnen um die Bildung.

Nach dem Krieg war alles weg, außer der Bildung, und mein Großonkel begann sich zu kümmern. Als Arzt. So lange, bis er selbst krank wurde. Erst ging sein Händedruck, dann sein Augenlicht, dann kam der Krebs und mein Großonkel ins Krankenhaus.

Ich besuchte ihn an seinem Geburtstag. Mit zwei Bechern und einer Flasche Champagner. Mein Großonkel kniff die Lippen zusammen. »Nicht aus diesem Behältnis. Nicht in diesem Nachthemd.« So habe er nie Champagner getrunken. Das stimmte. »Aber da war die Situation eine andere«, sagte ich. Mein Großonkel schüttelte den Kopf. »Alt werden ist kein Verdienst. Und auch keine Entschuldigung.« Mein Großonkel verließ die Welt im Anzug.

Herr Waldheim verließ die Welt in den Armen einer Pflegekraft aus Polen. Sie wohnt jetzt mit seiner Ehefrau zusammen. Meine Familie lebt immer noch nebenan.

Die Welt ändert sich. Es gibt heute auch Doktoren mit Akzent. Vielleicht muss ich mal mit meinem Nachbarn reden.

Ich frage mich, ob alles für mich passt

Ich kaufe einen Anzug. Für die Arbeit. Für den neuen Job. Weniger schreiben, mehr entscheiden. Weniger Büro, mehr Bühne. »Ein Leben nach Maß«, verspricht der Herrenausstatter. »Mehr Autorität mit diesem gut sitzenden Stöffchen«, verspricht die Verkäuferin. Schwarzer Bob, graues Kostüm, weißes Lächeln. Bei ihr sitzt alles.

Eigentlich ist das bei Journalisten so: Print trägt Cord. Online trägt Hoodie. Joachim trug Maßanzug. Dazu schwere Füllfederhalter und ein ledernes Büchlein. »Für Pläne und Ideen«, sagte Joachim. Sonst schrieb er eher wenig. Er repräsentierte mehr. Joachim war stellvertretender Chefredakteur in jener Zeitung, in der ich zum ersten Mal etwas mehr war als ein Praktikant. Joachim wollte mehr sein als ein Stellvertreter. Bei Diskussionen lobte er seine Vorredner. In Konferenzen begrüßte er Themenvorschläge. Und in der Mittagspause saß er in Restaurants, die wie französische Städte hießen. Nie allein. Sondern mit Mitgliedern der Redaktion. Irgendwann auch mit mir. »Was willst du?«, fragte Joachim. »Schreiben«, sagte ich. »Ist das alles?«, fragte Joachim. Ich nickte. »Und du?«, fragte ich. »Ich will was Passendes«, sagte Joachim. Kurz darauf ging er mit dem Verleger essen. Und wurde Chefredakteur.

Alles? Als Kind dachte ich, das wäre der Besitz einer Eisdiele. Später war es ein Leben als Rockstar. Dann als Kanzler. Dann als Reporter. Dann erfuhr ich, dass mein Leben bald aus zweieinhalb Menschen besteht. Ein Kollege sagte: »Schreiben wird natürlich schwierig.« Ein Freund sagte: »Gut, dass du schon so viel gereist bist.« Meine Tante sagte: »Kinder machen die Welt klein.« Ich wälzte mich durch die Nacht. »Was ist los?«, fragte der Mensch, der mir viel bedeutet. Ich erzählte von Kollegen, Freund und Tante. Davon, dass ich nicht mehr alles haben kann. Der Mensch, der mir viel bedeutet, sagte: »Alles ist jetzt eben mehr.«

Kurz nach Joachims Ernennung brach die Medienkrise aus. Die Redaktion hoffte auf Ideen, der Verleger auf Pläne. Joachim lobte Vorredner, begrüßte Themenvorschläge. Und verschwand. Auf seinem Schreibtisch lag das Notizbuch. Darin stand: »Vier Eier, Brot, Klopapier, Radieschen.« Das war alles.

Als ich den Anzug beim Herrenausstatter anprobierte, waren die Ärmel kurz, die Hosenbeine lang. Ich verlangte nach dem Chef. »Maßanzüge sind eben individuell!«, rief die Verkäuferin. Ihr Kostüm saß noch. Ihr Lächeln war verrutscht. Alles ändert sich.

Ich denke an Klara und sortiere mein Leben

Ich suche. In den Taschen meines Mantels. Im Wäschekorb. Im Geschirrschrank. Der Mensch, der mit mir wohnt, schaut mir zu. Er hat noch nie etwas gesucht. Seine Mäntel hängen mit geleerten Taschen in der Garderobe. Seine Wäsche ist nach Farbe sortiert. Sein Geschirr nach Aussehen und Größe.

Der Mensch, der mit mir wohnt, sagt: »Nur in einem aufgeräumten Haus wohnt ein aufgeräumter Geist.« Ich sage: »*Panta rhei*, alles fließt, so ist das Leben.«

Niemand lebte aufgeräumter als Klara von nebenan. Klara trug Zöpfe und spielte das dazu passende Instrument. Querflöte. Ihre Schulnoten konnten sich ebenso sehen lassen wie ihre Freundinnen. Und ihr Hamster war der einzige in der Nachbarschaft, der eines natürlichen Todes starb und nicht, weil sich jemand auf ihn setzte oder ihn als Prinzessin verkleidet in einem Puppenhaus vergaß.

Klaras Eltern waren seit ihrer Schulzeit zusammen. Ihr Vater arbeitete als Buchhalter in einem Betrieb, der vor allem mittelständisch war. Klaras Mutter war zu Hause. Die beiden hatten sich über den Bruder der Mutter kennengelernt. Damals spielte Onkel Heinrich mit dem Vater in einer Fußballmannschaft, trank mit ihm Bier und küsste mit ihm Mädchen in der Diskothek. Das mit dem Biertrinken war gleich geblieben. Ansonsten hatte sich bei Klaras Vater viel verändert. Bei Onkel Heinrich weniger.

Manchmal kam Klara zu mir rüber und wunderte sich. Darüber, dass ich mir Schokolade aus der Vorratskammer holen durfte, wann immer ich wollte, darüber, dass unsere Verwandten in anderen Ländern lebten, und darüber, dass meine Eltern immer so viel stritten. Klara wunderte sich laut. Ich erklärte leise. Sie riss ihre Augen auf. Und meine Wunden.

Dann stand Klara eines Abends vor der Tür. Zu einer Uhrzeit, die nicht in ein aufgeräumtes Leben passt. Mit Haaren, so unaufgeräumt wie die Uhrzeit. »Meine Eltern haben sich gestritten.« Ich nickte. »Kann passieren«, sagte ich. »Meine Mutter schläft heute Abend bei einer Freundin«, sagte sie. Ich nickte. »Kann passieren«, sagte ich. »Weil sie gesehen hat, wie mein Vater und Onkel Heinrich sich geküsst haben«, sagte Klara. Ich riss meine Augen auf. Und sah Klaras Wunden.

Als ich begann, die Welt zu beschreiben, hatte ich einen Chefredakteur, der sie aufräumen wollte. Seine Überzeugungen stammten aus Büchern. Seine Sätze klangen nach Papier. Er sagte: »Weltpolitik wird nur in Washington, D. C., gemacht, im Herzen der einzig verbliebenen Supermacht.«

Kurz darauf zog er unsere Korrespondenten aus Russland, Lateinamerika und dem Nahen Osten ab. Dann kam der Georgien-Krieg. Und der Arabische Frühling. Und noch ein paar Sachen. Die Korrespondenten sind wieder da. Der Chefredakteur ist weg.

Klara lebt schon seit Langem nicht mehr nebenan. Sondern im Ausland. Das letzte Mal sah ich sie auf einer Hochzeit. Der ihres Vaters mit Onkel Heinrich. Sie spielte Gitarre, mit kurzen Haaren.

Nur wer verliert, kann finden. Ich suche weiter.

Ich präsentiere alleine für alle

Ich soll präsentieren. Folien mit bunten Kreisen und Quadraten. Die Ergebnisse eines Gruppenprojekts des Verlags.

Zu Beginn des Projekts teilte ein Mann im Anzug Zettel aus, auf denen stand: »Teambuilding fördert die Bündelung der kreativen Potenziale unseres Hauses und skaliert so deren Impact.« Ich schaute lange auf den Zettel. Der Anzugmann schaute lange auf mich. Dann sagte er: »Einer für alle, alle für einen.«

Seither diskutiert meine Gruppe über den Impact, den wir machen wollen. Unsere Vorstellungen sind sehr unterschiedlich, unsere Diskussionen immer gleich. Ein Mann aus der Gruppe findet, dass man etwas machen sollte. Ein anderer Mann aus der Gruppe findet, dass man etwas anderes machen sollte. Die Frau in der Gruppe fängt an, etwas zu machen. Anfangs lachte sie darüber. Später schmollte sie. Noch später weinte sie.

Ich will nicht präsentieren.

Damit bin ich ziemlich alleine. Seitdem es das Internet gibt, wird dauernd irgendwas präsentiert. Der Oberkörper. Das neue Tattoo. Der neue Partner. Die Gesinnung. Oder das Haustier, wenn man weder einen präsentablen Oberkörper noch einen Partner hat. Alle präsentieren.

Inzwischen sogar mein Freund Alex.

Wir studierten und wohnten zusammen. Alex war klug und schön. Außer wenn jemand zu Besuch war. Dann hielt er bei Gesprächen den Mund und bei Fotos die Hand vor das Gesicht.

Bis seine Frau schwanger wurde. Und er eine WhatsApp-Gruppe einrichtete. Für Freunde und Familie und Freunde der Familie und die Familien der Freunde.

Auf dem ersten Foto saugte er an einem Schnuller. »Vortester«, stand darunter. Auf dem nächsten Foto machten er und seine Frau das Victoryzeichen. Im Kreißsaal. »B-Day!«, stand darunter. Auf dem bisher letzten Foto hielt er sein Baby im Arm und war bedeckt mit einer Flüssigkeit, die kurz zuvor noch zum Baby gehörte. Darunter stand: »Überschüttet mit Liebe.« – »Warum?«, fragte ich ihn am Telefon. »Weil das meine Menschen sind«, sagte Alex.

Bevor ich meine Tage mit Alex verbrachte, verbrachte ich sie mit Nicole. Wir hatten uns auf einer Party kennengelernt, für die ich zu alt war und sie zu schön. Nicole lächelte häufig und redete wenig, und obwohl sie dasselbe Shampoo benutzte wie alle anderen Mädchen auf der Party, rochen ihre Haare besser. Wenn ich mit ihr die Straße entlanglief, machte mich ihre Schönheit stolz. Wenn ich mit ihr bei meinen Freunden saß, ärgerte mich ihr Schweigen. Und wenn wir alleine waren, sagte ich: »Du solltest mehr reden.« Anfangs lachte sie. Später schmollte sie. Noch später weinte sie. Dann lag ein Zettel auf dem Küchentisch. »Ich wäre so gerne Dein Mensch gewesen.«

Die Kreise und Quadrate auf unseren Folien sehen aus wie beschriftete Bauklötzchen. Ich schäme mich dafür. Ich präsentiere trotzdem. Einer für alle.

Ich fiebere und höre viel zu laute Männer

Ich fiebere. Zweiundvierzig Grad, gefühlt. Nachts schwitze ich, tags schlafe ich. Dazwischen trinke ich Tee, der aus verschiedensten Kräutern gebraut ist, die alle gleich schmecken. Der Tee ist erst sehr lange zu heiß, bevor er sehr lange zu kalt ist. Während ich auf die Trinktemperatur lauere, lasse ich den Fernseher laufen. Die Nachrichten zeigen Demonstranten mit Flaggen, Soldaten mit Maschinengewehren und Männer, die Reden in den verschiedensten Sprachen halten, dabei aber alle gleich klingen. Tief und laut und nach Gebell. Sie bellen von Vaterland und Ehre und Stolz.

Als sich wichtige Ereignisse noch nicht in den Nachrichten abspielten, sondern im Sandkasten, war ich häufig krank. Nachts schwitzte ich, tags schlief ich, manchmal halluzinierte ich. Dazwischen brachte mir meine Mutter Tee. Er schmeckte nach Honig und hatte die richtige Trinktemperatur. Während ich trank, streichelte sie meinen Kopf oder kontrollierte das Fieberthermometer oder erzählte mir Geschichten. Männerstimmen gab es nur eine, am Telefon, wenn mein Vater anrief und fragte, wie es mir gehe. In meinen Erinnerungen saß mein Vater nie am Bett.

Kein Vater war abwesender als der von Marianna. Ich lernte sie in England kennen, in der Bibliothek unserer Universität. Marianna stammte aus Italien, studierte Literatur und wenn sie sprach, dann mit viel Liebe und etwas Akzent. Über ihre Heimat. Über ihre Familie. Über ihre Bücher. Und irgendwann auch über mich. Wir lasen uns durch den nassen englischen Herbst und den ebenso nassen englischen

Winter, und als der Frühling kam und es noch immer regnete, sagte Marianna: »Du musst meine Familie kennenlernen.«

In Mariannas Heimat schien die Sonne, das Meer war nicht weit, und die Verwandtschaft war noch näher. Wir verbrachten unsere Tage am Wasser und unsere Abende an einem Tisch mit Mutter und Geschwistern, Tanten und Onkels, Cousins und Cousinen und Menschen, zu denen die verwandtschaftlichen Verflechtungen so verworren waren, dass man sie nur nach ein paar Glas Wein verstand. Alle saßen am Tisch. Außer Mariannas Vater. Ein Professor für Mathematik, der in jenem Frühling auf einer Konferenz in Rom war, wo er eine Rede halten musste. So wie im Frühling darauf in Genf. Und im Frühling darauf in Tokio. Und dann in ein paar Städten, deren Namen ich vergessen habe.

Ich lernte Mariannas Vater erst kennen, als er keine Stimme mehr hatte.

An einem Ort, an dem das Meer nicht weit war, standen die Verwandten ganz nahe am Bett, auf dem der Vater lag. In seinem Anzug, bedeckt mit Rosen. Die Mutter streichelte seinen Kopf und weinte. Niemand redete. Irgendwann nahm mich Marianna an der Hand, zog mich aus dem Zimmer, aus dem Haus, dorthin, wo die Sonne schien. »Erst war er nie da. Jetzt ist er weg.« Sie sagte es mit ein bisschen Akzent. Und ganz ohne Liebe.

Die Welt fiebert. Zu viele Männer reden zu viel. Irgendjemand sollte ihnen den Kopf streicheln.

LOVE

Warum Männer lieben lernen

Meine beste Zeit als Mann begann, als ich ein Kind in Lumpen hüllte. Das Kind war mein Kind. Der Lumpen war eine Babydecke, auf der schon meine Frau als Säugling herumgekaut hatte. Das Gewebe zerschlissen, die Ränder zerfasert, die Farben verblasst. Ein Lieblingsstück, um das geliebte Kind aus der Geburtsstation nach Hause zu tragen. Fünfhundert Meter.

Meine Frau musste noch mit dem Taxi fahren. Sie nickte mir zu. »Du und das Mini, ihr schafft das.« Ich nickte nicht. Ich schwitzte. Und konzentrierte mich. Auf den Weg. Auf das schlummernde Mini. Es sah so klein aus in der Decke. Viel kleiner als in den Armen meiner Frau. Und viel zerbrechlicher. Fünfhundert Meter, siebenhundert Schritte. Jeder Schritt eine Gefahr. Was, wenn ich es fallen ließ? Wenn die Sommersonne es verbrannte? Der Wind es auskühlte? Schädelbruch, Hitzschlag, Lungenentzündung. Ich presste das Mini an mich, ging behutsam über den Bordstein, an der Baustelle vorbei, über die Straße, als sich eine Frau vor mir aufbaute. Zigarette in den Händen, Tönung in den Haaren. Die Frau pikste mit der Kippe Richtung Mini. »Viel zu dünn eingepackt.« Sie hustete eine Rauchwolke aus. »Hat es keine Mutter?« Ich zog das Mini aus der Wolke. »Es hat mich.« Die Frau beugte sich vor. »Und was will'n Mann mit so'm Würmchen?«

Ich lief weiter. Wortlos. Weil ich nicht antworten wollte. Nicht konnte. Weil ich mich das auch fragte. Jede Nacht, seit Monaten. Die Männer, unter denen ich aufgewachsen war, trugen keine Kinder durch die Gegend. Auch nicht ihre eigenen. Sie trugen Verantwortung. Im Job und dafür, das Geld nach Hause kam. Es waren Männer, die wenig redeten, aber vorgaben, alles im Griff zu haben. Wurden sie Väter, änderte sich nicht viel. Außer, dass sie tagsüber länger wegblieben und abends mit schlechterer Laune nach Hause kamen. Ich hatte nicht mal meine nächtlichen Gedanken im Griff. Weil ich wusste, dass es so nicht werden durfte. Meine Frau wollte arbeiten. Und ich wollte keine schlechte Laune.

»Aber gibt es auch Väter, die anders sind?«, fragte ich mich. Ich schaute das Mini an. Schaute wieder auf. Und stand in unserer Hofeinfahrt. Neben mir hielt ein Taxi, meine Frau stieg aus, lächelte. »Ihr seid schon jetzt ein super Team!« Sie nahm meine Hand. Das Mini schlief. In dieser Nacht fragte ich mich nichts mehr.

Manchmal reichen ein paar Schritte, um eine Krise hinter sich zu lassen. Weil Bewegung die Perspektive ändert. Ich wurde ein Mann, der sein Kind trug. Je länger ich es trug, desto leichter fiel es mir. So leicht, dass ich erstaunt war, als ich feststellte, dass mein Glück eine Ausnahme zu sein schien. Denn Männer waren nicht glücklich. Weder die Väter noch die anderen. Sie waren in der Krise. Weil sie nichts mehr im Griff hatten. Nirgendwo.

Der Niedergang zeigte sich zuerst in den USA. »Das Ende der Männer« hieß ein Aufsatz, der 2010 im US-Magazin *The Atlantic* erschien. Darin prophezeite die Autorin Hanna Rosin, dass die gesellschaftliche Dominanz der Männer zu Ende gehe. Die letzte Wirtschaftskrise habe vor allem Industriejobs gekostet. Drei Viertel der Entlassenen seien männlich. Und nur zwei von fünfzehn Wachstumsbranchen in den USA seien von Männern dominiert. Ein Drittel der Mütter sogar als Hauptverdiener. Auf das Essay folgte ein Bestseller, der eine Debatte auslöste, die bis heute nicht endet. Auch in Deutschland, wo Psychologen, Soziologen, Mediziner, Politiker, Feministinnen und Männerrechtler schon seit Längerem Fakten zusammentragen.

Im Vergleich zu Frauen sind Männer häufiger arbeitslos, alkoholkrank, obdachlos und gewalttätig. Auch gegen sich selbst. Sie bringen sich viermal öfter um, leben im Schnitt fünf Jahre weniger und die Lebenden wählen häufiger rechte Populisten, etwa den thüringischen AfD-Chef Björn Höcke, der erklärte: »Das große Problem ist, dass Deutschland, dass Europa ihre Männlichkeit verloren haben.«

Der Verlust der Männlichkeit beginnt schon in der Schule, wo die zappeligeren Jungs hinter ihren Klassenkameradinnen zurückbleiben. Weil sie, so der Soziologe Walter Hollstein, »ständig an weibliche Verhaltensmuster und Grenzsetzungen stoßen«. Ritalin statt Rauferei. Schulversager mit düsteren Zukunftsaussichten. Einem stagnierenden Industriesektor mit traditionellen Männerjobs steht ein wachsender Dienstleistungssektor gegenüber, in dem die Frauen dominieren. Empathie und Kommunikation sind gefragt. Muskelkraft? Allenfalls im Fitnessstudio.

Die Folge der ökonomischen Unsicherheit? Das alte Männerbild bröckelt. Härte, Risikobereitschaft und Selbstbeherrschung. Womit einst Schlachten gewonnen wurden, werden jetzt Banken in den Abgrund gerissen. Die Stärken der Krieger von gestern sind die Schwächen der Typen von heute. Und die MeToo-Debatte gibt dem Selbstbild der Männer den Rest. Aus potenziellen Verführern werden potenzielle Vergewaltiger. Verführer, Krieger, Ernährer. Die Rollen von einst gibt es nicht mehr. Und wenn doch, sind sie wertlos. Der Mann weiß nicht mehr, wer er ist. Und noch weniger, wer er sein sollte.

Der Missstand wird auf Konferenzen wie dem »Männer-Kongress« diskutiert, wo sich Wissenschaftler besorgt über den Mann austauschen, in Büchern mit Titeln wie *Was vom Manne übrig blieb* oder *Das entehrte Geschlecht*. Es gibt Studien mit Namen wie »Not am Mann« und andere Studien, in denen steht, dass sich viele junge Männer »orientierungslos« fühlen. Der deutsche *Playboy* widmet der Ratlosigkeit sogar eine Sonderausgabe: »How to be a man« – »Wie man Mann ist«. In der Ausgabe finden sich Tipps zum Bierbrauen, Rasenpflegen und Umweltretten. Nackte Frauen finden sich nicht. Wenn das keine Krise ist.

Es ist keine Krise. Es ist die beste Zeit, ein Mann zu sein.

Den Männern wurde das Drehbuch geraubt. Und die Freiheit zum Improvisieren geschenkt. Es gibt zwei Arten von Freiheit. Die eine ist die Freiheit, etwas zu dürfen. Die andere ist die Freiheit, etwas nicht zu müssen. Männer dürfen alles. Und müssen nichts.

Bisher beherrschten sie zwar die Welt da draußen, hatten die Macht in Gesellschaft, Wirtschaft und Politik – doch entscheiden, wer sie sein möchten, das konnten sie nicht. Kein Mann konnte ein Mann sein, ohne einem Männerbild zu folgen, das zwar Orientierung bot, aber auch Erwartungen schürte. Rollen zwingen immer dazu, einen Teil von sich zu verleugnen. Die Identität des Mannes ist brüchig? Es brechen Mauern, die Männer seit Generationen eingeschlossen haben. Seit der Industriellen Revolution.

Sie riss die Männer von den Höfen und verfrachtete sie in Büros und Fabriken. Die Frauen blieben zurück, kümmerten sich um Kinder und Heim. Eine Trennung mit Folgen. Beschrieben wurden sie 1976, von der Historikerin Karin Hausen in dem Aufsatz »Die Polarisierung der Geschlechtscharaktere«. Sperriger Titel, klarer Befund: Die Rollenbilder von Männern und Frauen waren eine Folge der gegensätzlichen Arbeitsorte. Draußen in der Welt die Männer – aktiv, rational, willensstark. Drinnen im Heim die Frauen – passiv, emotional, gebend.

Die neue Arbeitswelt schuf sich einen neuen Menschen. Nicht überall, aber an entscheidender Stelle. Im Bürgertum. Hier wurden Männer für einen Staatsdienst herangezogen, dessen Ideal der sachliche Bürokrat war. Karin Hausen: »Die seit dem 16. Jahrhundert auf Männer konzentrierten und speziell im Bürgertum als direkte Voraussetzung für die Berufsarbeit unternommenen Bildungsbemühungen haben mit größter Wahrscheinlichkeit dazu geführt, dass es im 18. Jahrhundert beim Bürgertum tatsächlich hinsichtlich der Rationalität zwischen Mann und Frau erhebliche, anerzogene Wesensunterschiede gab.« Das Rollenbild des bürgerlichen Mannes wurde zu seiner Realität. Und bald zu der aller anderen Männer. Denn das Bürgertum war Vorbild.

Hausens Erkenntnisse werden von heutigen Experten wie Matthias Franz geteilt. Der Düsseldorfer ist Professor für psychosomatische Medizin und Initiator des »Männer-Kongresses«. In Vorträgen und Interviews beschreibt er, wie die Industrialisierung Männer zu »Menschenmaterial« und »Wirtschaftsware« für Krieg und Produktion machte. Zu Maschinen.

Kein Mensch ist eine Maschine. Und trotzdem galt das Maschinenhafte bald als die wahre Natur der Männer. Vergessen war das Männerbild anderer Epochen. Etwa das der Renaissance, wo Empfindsamkeit als männlich galt. Echte Männer hatten nicht nur Gefühle, sie litten an ihnen. Etwa der Renaissance-Dichter Francesco Petrarca, der einer Liebe namens Laura nachtrauerte, einundzwanzig Jahre lang, mit dreihundertsechsundsechzig Gedichten. Der Zyklus wurde als *Canzoniere* zur Weltliteratur. Der Grund seines Leidens war übrigens ein Blick, den ihm Laura in der Kirche zugeworfen hatte. Ziemlich sensibel.

Auch im Mittelalter schwärmen Männer, etwa im *Parzival*. Teilweise sogar für das eigene Geschlecht. Und der Gentleman in der britischen Aristokratie war eben genau das – ein Mann, der »gentle« war, also sanft, höflich und zurückhaltend. Was ihn nicht daran hinderte, der Inbegriff der Männlichkeit zu sein. Nicht einmal der gern zitierte Steinzeitmann taugt als Folie für die Mannmaschine. Im Gegenteil. Knochenfunde aus der Steinzeit zeigen, dass Frauen und Männer einst gleich groß und kräftig waren. Wie sie sich organisierten, ist nicht bekannt.

Der Blick in die Vergangenheit zeigt, dass Männer mehr sind als Helden, Ernährer und Eroberer. Der Blick in die Labore der Gegenwart belegt es sogar. In einer kürzlich durchgeführten Studie analysierten Wissenschaftler Scans von tausendvierhundert Gehirnen. Dabei stellten sie fest, dass einzelne Merkmale zwar bei dem jeweiligen Geschlecht gehäuft auftreten, aber auch, dass sich diese Merkmale bei jedem Menschen zu einem einzigartigen Mosaik zusammensetzen.

Und vor ein paar Jahren schon untersuchte ein Team der Harvard Medical School die Emotionen männlicher und weiblicher Säuglinge. Dafür wurden einundachtzig Babys mit ihren Müttern gefilmt. Die männlichen Babys zappelten, wüteten, weinten und lächelten häufiger, um auf den Arm genommen zu werden. Sie waren also nicht nur emotionaler, sondern auch zugewandter als die Mädchen.

Es ist dieser kleine Junge, den jeder Mann bisher zurücklassen musste, wollte er als Mann gelten. Emotionen verdrängen, Bedürfnisse vergessen und ab der Pubertät so viel körperliche Distanz wahren, dass man nicht für schwul gehalten wird. Die ganze Tragik lässt sich besichtigen, wenn sich Männerfreunde hierzulande treffen. Ihre Oberkörper fallen wie Schaufensterpuppen ineinander, ihre Arme klopfen auf den Rücken des Gegenübers ein, als wäre er ein alter Teppich. Das traurigste Begrüßungsritual der Menschheitsgeschichte.

Es sind Männer, die sich das Bedürfnis nach Nähe abtrainiert haben und die Empathie gleich mit. Der Chef, der herumkommandiert. Der Mitarbeiter, der Kolleginnen unterbricht. Der Vater, der vom Sohn verlangt, ein »echter Mann«

zu sein. Typen wie der einstige Bundeskanzler Gerhard Schröder, der im »Basta«-Modus entschied und Familie »Gedöns« nannte. Immer dröhnend, von nichts bewegt, außer von sich selbst. Etwa, als er bei seinem Abschied mit Tränen in den Augen vor der Bundeswehrkapelle stand. Die auf seinen Wunsch »My Way« spielte. Die Trotzhymne, die all das feiert, was Männer einst ausmachte. All das, was sie kaputt machte.

Auch wenn sie es nicht bemerkten. So wie Hans. Ärztlicher Direktor an einer Uniklinik und Vater meines Freundes Christian. Hans ging spätestens um sieben Uhr morgens zur Arbeit und kam frühestens um neun Uhr abends nach Hause. Erwartet wurde er dort nicht mehr. Weder von seinem Sohn noch von seiner Frau, die beide eher bemüht waren, Hans nicht über den Weg zu laufen. Nicht im Flur, wo er Schuhe durch die Gegend trat, die ihm zu schräg standen. Nicht in der Küche, wo er das Essen seiner Frau mit Chillisauce tränkte, ohne es probiert zu haben. Nicht in seinem Arbeitszimmer, wohin er sich zurückzog, um Fernsehen zu schauen, bis er auf seiner Couch einschlief. Auf dem gleichen Modell, das auch in seinem Büro stand. »Hat dein Vater eine Affäre auf der Arbeit?«, fragte ich Christian. »Er hat eine Affäre mit der Arbeit«, sagte Christian. Tatsächlich war Hans so gut wie nie zu Hause. Das wusste ich, weil ich sehr oft dort war. Christian lebte eine Kleinstadt von mir entfernt und ging auf meine Schule. Er war mein Freund, mein Klassenkamerad und meine Lebensversicherung. Weil er sich nicht nur für Fußball interessierte, sondern auch für Theater. Weil er nicht nur Musik hörte, sondern auch Songs komponierte. Weil er keine Sprüche an Klowände kritzelte, sondern Gedichte in ein Notizbuch. Christian verstand mich. Wir teilten uns auf Reisen ein Bett, ohne zu überlegen. Wir hielten uns bei blutigen Filmszenen die Augen zu, ohne uns zu schämen. Wir verbrachten sogar mal ein ganzes Wochenende auf der Hütte seiner Eltern, um ein Buch zu schreiben, ohne Alkohol und Mädchen und ohne etwas zu vermissen. Ich durfte anders sein, weil Christian anders war und trotzdem kein Außenseiter. Was an seiner Mutter lag. Ebenfalls Ärztin, aber nur noch zur Hälfte. Zur anderen Hälfte Mutter. Sie erzog korrekt, aber nie kleinlich, war zugewandt, vermied es aber, besitzergreifend zu sein. Erlebte ich sie, verstand ich Christian. Was ich nicht verstand: »Wieso hat sie deinen Vater geheiratet?« Christian überlegte und sagte: »Weil sie nicht deutsch ist.«

Seine Eltern hatten sich auf einer Feier von Freunden kennengelernt. Zwei Medizinstudenten in Paris. Eine Französin mit weichen Bewegungen und ein Deutscher. Markante Gesichtszüge, aschblondes Haar, blaue Augen. Dazu Manieren, geschliffen von Gouvernanten und Internat. Hans war der erste Deutsche, den die Mutter kennenlernte. Und sie war erstaunt, wie gut er in das Bild passte, das sie von den Deutschen hatte. Optisch und charakterlich. Hans war wortkarg, pflichtbewusst und seine Arbeit war ihm wichtig. Manchmal sogar wichtiger als sie. Wenn er wieder besonders viel arbeitete und besonders wenig sprach, legte sie sich zu ihm und streichelte stumm durch sein Haar. »Als Deutsche hätte sie gewusst, dass es nicht an seiner Kultur liegt, sondern an seiner Kälte«, sagte Christian. Doch das wusste sie nicht, und so wurde sie Mutter. Die Zeit nebeneinanderzuliegen gab es nicht mehr, und als es sie gab, lagen die Eltern nicht mehr nebeneinander, sondern teilten ihr Leben auf. Hans machte die Arbeit, seine Frau machte den Rest. Kochen, waschen, bügeln, einkaufen. Sie nahm ihm alles ab, und was sie nicht schaffte, erledigte die Sekretärin. So wie es einst die Hausangestellten seiner Familie gemacht hatten. Christian wusste nicht, was seine Mutter bei so einem Mann hielt. Er wusste aber, dass er ein anderer Mann sein wollte. Zugewandt und mit Gefühl. Mit viel Gefühl. Meist war es zu viel Gefühl.

Etwa bei Susanna, die aus einem Dorf im Umland kam. Sie hatten sich bei einem Maifest kennengelernt und wohl auch geküsst. Ganz sicher war sich Christian da nicht. Die Dunkelheit, der Alkohol. Er war sich nur sicher, dass Susanna die Frau seines Lebens war. Wieso, konnte er nicht sagen. Er fühlte es. Und sang es. Am Baggersee, abends, vor Susannas Liegeplatz. Christian hatte ein Klavier dabei, Susanna ihre Freundinnen. »Ist er das?«, fragte eine Braunhaarige. »Nicht dein Ernst«, sagte eine Blonde. »Du hast recht, er ist wirklich besonders«, sagte eine noch Blondere. Susanna sagte nichts. Christian sang, die Sonnenstrahlen schwanden, und mit ihnen auch seine Chance auf Liebe. So war es jedes Mal. Christian komponierte und dichtete und kochte. Immer erfolglos. Seine Gefühle waren zu groß für unsere Gegend. Sie passten erst, als Christian ein Auslandsjahr machte, dort wo auch alles andere groß war. In Texas ging er auf eine Highschool und traf auf einer Party Ivy. Die ihn nicht mehr losließ.

Er erzählte mir alles. Es begann mit einem Aushang am Schwarzen Brett. Die African Society veranstaltete eine Party unter dem Motto »African Heritage« – »Afrikanisches

Erbe«. Und weil Christian Verkleidungen liebte und niemand aus seiner Gastfamilie zu Hause war, der ihn hätte stoppen können, verkleidete sich Christian, schwärzte das Gesicht, hängte sich einen Rock aus Bananen um und flocht sich einen Plastikknochen ins Haar. Für ein ähnliches Karnevalskostüm hatte er einst viele Komplimente in den Kneipen unserer Kleinstadt erhalten. Im Haus der African Society sollte er kein einziges Kompliment hören. Es war schon dunkel, als Christian über den Rasen vor der Villa lief. Von drinnen drang Licht durch die Fenster. Ein paar Stufen, er stand vor der Tür. Christian klingelte. Das Schloss klackte, die Tür öffnete sich, und Christian trat ein. Grelles Licht umgab ihn, Stimmengewirr. Christian schloss die Augen. Für einen Moment. Dann war es still. Langsam öffnete er die Augen wieder. Das linke, das rechte. Er stand in einer Eingangshalle voller Menschen. Sie trugen T-Shirts und Hoodies und Jeans, manche auch eine Kappe oder Jacke mit dem Emblem der Highschool. Verkleidet war keiner. In einer Ecke stand eine Band, die bis eben Musik gespielt haben musste. In einer anderen standen Tische mit Speisen, darauf Fähnchen verschiedener afrikanischer Länder. An den Wänden hingen Bilder. Darauf zu sehen: schwarze Menschen, die von Weißen auf Boote getrieben wurden. Gebückte Sklaven auf Baumwollfeldern. Demonstranten, auf die Polizisten einknüppelten. Christian schaute und schaute und … »Out!«, schrie jemand aus einer Ecke des Raumes. »Racist!«, schrie es aus einer anderen. Dann verstand er keine einzelnen Wörter mehr. Alle brüllten durcheinander. »Misunderstanding!«, rief Christian und hob die Hände. Aber da riss ihm schon einer die Banane runter, ein anderer griff nach dem Knochen,

Hände schoben ihn rückwärts, Fäuste wurden geschüttelt. Christian sah die Tür, die Stufen, stemmte sich gegen Hände und Körper. Ein Stoß. Er stolperte, er fiel, seitwärts, rückwärts. Und lag auf dem Rasen. Hinter ihm rumste die Tür ins Schloss. Christian blickte die Grashalme an. Sein Knie schmerzte, sein Rücken auch. Ihm war kalt. Er bewegte sich nicht. Er lag nur da. Bis plötzlich zwei Turnschuhe zwischen den Grashalmen standen. »Bist du okay?« Christian hob den Kopf, sein Blick wanderte von den Turnschuhen nach oben, über eine Jeans, ein T-Shirt, bis zu einem Gesicht, das von einem Afro umrahmt wurde. Große Augen, hohe Wangenknochen, breiter Mund. Christian nickte. »Mhm.« – Das Mädchen lächelte. »Sie hätten dich totschlagen sollen.« – Christian runzelte die Stirn. »Danke schön. Bist du deshalb hier?« – »Nein, weil ich deinen Akzent gehört habe«, sagte das Mädchen. Sie ging in die Hocke. Noch ein Lächeln. »Und ich habe gedacht, dass du vielleicht nur aus einer ignoranten Kultur stammst und gar nicht verstehst, was du da machst.« – »Ich komme aus Deutschland.« – »Sag ich doch.« Sie lachte. Christian ließ den Kopf sinken. Das Mädchen streckte die Hand aus. »Komm, steh auf. War ein schlechter Scherz.« Sie grinste. »Aber immer noch besser als deine Verkleidung.« Christian nahm ihre Hand. Weiche Haut, fester Griff. Sie zog ihn nach oben. »Ivy.« – »Christian.«

In den nächsten Monaten erklärte Ivy viel und Christian verstand fast alles. Sie redeten über Kultur und Heimat und Leben. Ivy zeigte ihm die Stadt und die Gegend und ihre Familie. Und irgendwann zeigte Ivy sich.

Dann kehrte Christian zurück. Wir trafen uns bei ihm zu Hause und redeten einen Abend, eine Nacht und einen

Morgen. Über Ivy. »Sie findet meine Gedichte und Songs romantisch«, sagte Christian. »Und ihr schmecken meine Gerichte. Sogar die deutschen.« In den nächsten Wochen sah ich Christian selten. Wenn er nicht für sein Abitur lernte, telefonierte er mit Ivy. Jeden Tag, bis sie ihn besuchte und Christian noch weniger Zeit hatte. Ich lernte Ivy trotzdem kennen und konnte Christian verstehen. Dann machten wir Abitur. Ein paar Wochen später begleitete ich ihn zum Flughafen. Christian umarmte mich fest und zog endgültig in die USA. Kurz darauf zog auch ich fort, in die Welt, wo ich merkte, dass es viele Männer gab, die anders waren, und noch mehr Frauen, die das gut fanden.

Erst Jahre später sollte ich Christian wiedersehen. Erst nach jenem Tag, an dem mein Telefon klingelte. Anruf aus den USA. Die Verbindung war schlecht und Christians Stimme verwaschen. Ich erinnere mich nur an zwei Worte: »Mutter« und »Unfall«. Den Rest habe ich vergessen. Ich glaube, Christian weinte. Oder weinte er nur bei der Beerdigung? Ich weiß es nicht. Ich habe nur noch ein paar Bilder vor Augen. Es sind die üblichen. Christian und Ivy in Schwarz. Der Sarg in Weiß. Viele Blumen, viele Menschen. Auch Hans. Er weinte nicht. Er sah kaputt aus.

»Toxische Männlichkeit« ist der aktuelle Modeausdruck dafür, wenn Männer versuchen, dem Bild des harten, starken, unabhängigen Mannes zu entsprechen, wenn sie eine Mannmaschine sein wollen und dabei sich selbst und ihrer Umgebung schaden. Das Phänomen ist gut dokumentiert.

So untersuchte die Indiana University Bloomington in einer Metastudie, ob ein toxisches Rollenbild psychische Probleme fördert. Da es keine Definition dessen gibt, was genau ein »toxischer Mann« ist, wurden elf Verhaltensweisen überprüft, die zum alten Männer-Rollenbild gehörten. Darunter Selbstbeherrschung, Risikobereitschaft und die Verachtung für Homosexuelle. Achtundsiebzig Studien mit fast zwanzigtausend Teilnehmern werteten die Forscher aus. Das Resultat: Männer mit dem alten Rollenbild hatten nicht nur öfter psychische Probleme, sie nahmen auch seltener psychologische Hilfe in Anspruch. Dabei waren fast alle Verhaltensweisen schädlich, ganz besonders Autarkie, Promiskuität und Machtausübung über Frauen.

Weitere Studien ergaben, dass solche Männer nur halb so oft zu Vorsorgeuntersuchungen gehen. Sie trinken und rauchen mehr und essen weniger Gemüse. Fleisch für die Männlichkeit.

Das Problem hat sogar den weltgrößten Psychologenverband aufgeschreckt. Die Amerikanische Psychologische Gesellschaft (APA) veröffentlichte im Januar 2019 erstmals eine Handreichung für Therapeuten, die mit männlichen Patienten arbeiten. Den Grund dafür beschrieb Fredric Rabinowitz, der einstige APA-Präsident: »Viele Männer werden dazu erzogen, autark zu sein, weshalb sie jedes Problem mit sich selbst ausmachen wollen.« Doch dies würde Männer in ihrem Leid isolieren.

Was die Männer an Leid verschweigen, verraten die Statistiken. Allen voran die Selbstmordrate. Im Jahr 2016 brachten sich laut Statistischem Bundesamt in Deutschland 7347 Männer um, aber nur 2464 Frauen. Über zwei Drittel der Männer war älter als fünfundvierzig Jahre. Ein Alter, in dem sich die Rushhour des Lebens eigentlich dem Ende zuneigt, der Alltag entspannter wird. Dafür nehmen andere

Belastungen zu: Jobverlust, Rente, Scheidung oder Tod des Partners. Katastrophen für Männer einer Generation, die meist das alte Rollenbild lebt. Hilflos stehen sie vor Statusverlust und dem Verlust der einzigen Person, mit der sie reden konnten – ihrer Ehefrau. Freunde und Familie? Sind im Laufe des Arbeitslebens verloren gegangen.

Dabei ist viel Arbeit nicht per se schädlich. Selbst dann nicht, wenn Arbeit das Wichtigste im Leben ist. Auch das fanden die Forscher der Indiana University Bloomington heraus. Ihre Einschätzung: »Obwohl exzessive Arbeit für die Gesundheit und die menschlichen Bindungen problematisch sein können, können Arbeit und Karriere auch sinnstiftend sein.«

Gefährlich wird es, wenn Arbeit der einzige Lebenssinn ist und toxische Verhaltensweisen fördert. Wie seit Beginn des Industriezeitalters. Das jetzt zu Ende geht. Mit einer neuen Revolution. Der Digitalisierung. Eine neue Epoche in der Arbeitswelt. Und eine historische Chance für den Mann.

Denn die Digitalisierung holt die Männer aus den Fabrikhallen und Büros und entlässt sie in Homeoffices und Videokonferenzen, lässt sie an Projekten arbeiten, nicht im Schichtdienst. So befreit sie den Mann von Verhaltensweisen, die ihm mit der Industrialisierung auferlegt wurden. Er muss keine Mannmaschine mehr sein.

Die Arbeitsplätze dieser schweigsamen Ausführer verschwinden gerade. Etwa in den USA, wo in den vergangenen drei Jahrzehnten Millionen Routinejobs wie Buchhalter, Kassierer oder Versicherungsvertreter abgebaut wurden. Ein Verlust, der Frauen und Männer gleichermaßen traf, den sie aber unterschiedlich verarbeiteten, wie eine Analyse des Centre for American Progress, eines US-Think Tanks, zeigt. Die Mehrheit der Männer rutschte in einen schlechter bezahlten Job ab. Die Mehrheit der Frauen bildete sich weiter und landete in einem besser bezahlten Job.

Die Behauptung, alles zu können und alles zu wissen, führt nicht mehr zum Erfolg. Sondern Flexibilität, Kreativität und die Bereitschaft zu lernen. Auch aus Fehlern. Frauen haben diese Verhaltensweisen in Jahrzehnten der Pendelei zwischen Kindern, Arbeit und Haushalt verinnerlicht. Im digitalen Zeitalter werden sie auch Männern zugestanden und sogar abverlangt.

Der Wandel der Arbeit ist die Folie, vor der sich der Wandel des Männerbildes vollzieht. So wie sich die Industrialisierung einen neuen Mann erschuf, macht es jetzt die Digitalisierung. Mit einem entscheidenden Unterschied. Der Mann darf diesmal Mensch sein.

All das übersieht eine Öffentlichkeit, die sich besorgt über den Mann beugt. Sie übersieht auch, dass es ihn längst gibt, den Mann des digitalen Zeitalters, den neuen Mann.

Im Bericht »Männerperspektiven« des Bundesfamilienministerium von 2017 nimmt er auf hundertfünfzig Seiten Gestalt an. Dort wird untersucht, was deutsche Männer von Gleichstellung halten. Welche Partnerschaft wollen sie? Wer soll das Geld verdienen? Wer die Hausarbeit machen? Und welche Eigenschaften machen Männer attraktiv?

Der neue Mann ist jung und gebildet. In seiner Partnerschaft herrscht Augenhöhe, auch weil er das will. Seine Partnerin soll kein Anhängsel sein, sondern beruflich erfolgreich. Deshalb unterstützt er sie, übernimmt Hausarbeit und Verantwortung für die Familie. Er will bewusst anders sein, nicht in alte Rollenbilder verfallen. Sanft sein statt hart. Selbstkritisch statt überlegen. Emphatisch statt brutal. Außerdem flexibel, kreativ und unabhängig. Es sind Männer, die früher nicht als echte Männer galten. Jetzt steht in den Männerperspektiven: »Aufgrund der gehobenen Position durch Bildung, Einkommen und Prestige … hat dieses Milieu eine Leitbildfunktion.«

Früher war der Alpha-Mann das Vorbild für die Männer. Einer, der sich an die Spitze der Hierarchie gekämpft hatte. Durch pure Stärke. Vorbei. Der neue Mann ist ein Vorbild, weil er Erfolg hat. Es ist ein Lebensmodell für Gewinner. Der neue Mann stellt gleichsam eine höhere zivilisatorische Stufe dar, weil er sich nicht von seinen Instinkten leiten lässt, stur geradeaus marschiert und nur sich selbst sieht. Stattdessen schaut er sich um, ist sich seiner Schwächen und Gefühle bewusst und ist gerade dadurch stark. Ein ganzheitlicher Mann. Ein Rollenbild ohne feste Rollen. Der neue Mann kann alles sein, und er will es auch. Ganz bewusst. Denn er sieht sich als Avantgarde. Und das ist er. Die Männerperspektiven: »Es ist die kulturhistorische Besonderheit höher gebildeter junger … Männer …, dass ihr Blick auf ihre Partnerschaft von … gleicher Augenhöhe bestimmt ist.«

Gesellschaftlicher Wandel im Zeitraffer. Noch der Gleichstellungsreport 2007 vermerkte, dass Männer im Haushalt eigentlich nur Reparaturen und Autopflege übernehmen. Jetzt schätzen die Männerperspektiven den Anteil der neuen Männer an der männlichen Bevölkerung auf siebzehn Prozent. Tendenz wachsend. Und der Rest der Männer sympathisiert. Neunundsiebzig Prozent finden Gleichstellung wichtig für den Zusammenhalt der Gesellschaft. Die meisten wollen zudem eine Beziehung, in der auch die Frau arbeitet. Die Zahlen steigen seit 2007 stetig.

Und sie werden wohl weiter steigen. Denn die Frauen machen Druck. Gefragt, was Männer attraktiv macht, antworten einundvierzig Prozent »Zärtlichkeit«. Bei den Männern sind es nur neunzehn Prozent. Eine Differenz von zweiundzwanzig Prozent. Es folgen Gefühle zeigen (neunzehn Prozent Differenz), Romantik (siebzehn Prozent), Gefühle anderer verstehen (sechzehn Prozent). Noch entscheidender ist aber, dass den siebzehn Prozent der neuen Männer doppelt so viele Frauen gegenüberstehen, die sich einen solchen Mann wünschen.

Früher musste ein Mann auf viel verzichten, wenn er nicht dem alten Rollenbild entsprach. Am allermeisten auf Respekt. Heute hat er sogar bei den Frauen die Auswahl. Früher war er der Typ Sozialarbeiter, ein unterbezahlter, belächelter Softie, ein Weichei, ein Waschlappen. Heute arbeitet er als Anwalt oder Programmierer, in Werbeagenturen oder Unternehmensberatungen.

Sogar schön darf er sein, selbst in Männerschweißbranchen. Bundestrainer Löw bekennt sich zu Nivea, Trainerkollege Jürgen Klopp gar zur Haartransplantation. Trotzdem verehren ihn die Fans in der Malocherstadt Liverpool. Und ein Politiker wie FDP-Chef Christian Lindner tut es ihm ohne Ansehensverlust gleich. Während Gerhard Schröder noch prozessierte, gegen das Gerücht, er würde sich die Haare färben, und Helmut Schmidt seine Eitelkeit demonstrativ uneitel inszenierte.

Die Verlierer dieser Entwicklung sind die anderen. Als »Lifestyle-Machos« bezeichnen sie die Männerperspektiven. Sie verachten Frauen in Führungspositionen genauso wie Männer, die Frauen unterstützen. Sie soll Hausfrau und Mutter sein, er hart und unabhängig und Karriere machen. Männer mit dieser Einstellung sind immer noch häufig zu finden. Am häufigsten in den unteren sozialen Schichten.

Es sind Männer, die sich bedroht fühlen und deshalb die Gesellschaft bedrohen. Statt über Gefühle zu reden, schreiben sie das Internet mit Hass voll. Die neue Freiheit verunsichert sie. Und so klammern sie sich an das alte Rollenbild. Und an jene, die versprechen, es wiederherzustellen. »Im Horizont dieser Weltanschauung gibt es eine enge Korrespondenz mit Parteiensympathie für rechtsextreme und nationalkonservative Parteien …«, so die Männerperspektiven, die eine Tendenz sehen, »… sich laut und lauter zu dieser Haltung zu bekennen.« Das Wutgeschrei übertönt die Stimme der neuen Männer. Es schwillt an, wann immer traditionelle Männlichkeit bedroht scheint.

Autoritäre Ideologien und traditionelle Rollenbilder haben gemeinsam, dass sie jedem einen Platz zuweisen. Je klarer die Rolle, desto kleiner die Verantwortung für das eigene Leben. Und so entscheidet sich an den Männern auch die Zukunft der Demokratie. Der Weg, den sie wählen, wird der Weg sein, den ihre Gesellschaften wählen. Deshalb ist die wichtigste Rolle der neuen Männer jene Rolle, bei der sie die größtmögliche Verantwortung übernehmen. Die des anwesenden Vaters. Eine neue Rolle.

»Seit hundert Jahren werden bei uns die Identitätskerne vieler Männer von dysfunktionalen Vorbildern bestimmt«, schreibt »Männer-Kongress«-Organisator Matthias Franz in dem Aufsatz »Vaterlosigkeit damals und heute«. Vier

Generationen deutscher Väter sieht er dabei am Werk: den patriarchalisch-wilhelminischen Vater, den nationalsozialistisch-soldatischen, den toten Nachkriegsvater und den Scheidungs-Vater. Abwesende Väter, die Selbstbild und Gefühlsleben ihrer Söhne verheert hätten.

Studien bestätigen den negativen Einfluss abwesender Väter. Und weisen den positiven Einfluss anwesender Väter nach. Kinder verbessern sich intellektuell, sprachlich und damit auch schulisch. Ihre soziale und emotionale Entwicklung profitiert ebenfalls. Sie werden sogar emphatischer.

Die Söhne von heute sind die Männer von morgen. In den Familien entscheidet sich, ob verunsicherte Männer heranwachsen, deren Wut sich gegen andere richtet und damit gegen das Fundament der Demokratie. Oder ob sie neue Männer werden. Die Gesellschaft weiß, was sie will.

Laut einer Allensbach-Erhebung finden achtzig Prozent der Deutschen, dass ein Vater so viel Zeit wie möglich mit den Kindern verbringen sollte. Siebzig Prozent sagen, dass ein guter Vater die beruflichen Pläne seiner Partnerin unterstützt. Wieder sind besonders die Frauen fordernd. Fünfzig Prozent erklären in den Männerperspektiven, dass ihre Idealvorstellung eines Mannes ist, dass der sich liebevoll um die Kinder kümmert, neununddreißig Prozent wollen, dass er im Haushalt mitarbeitet. Der Männerbericht: »Nicht mehr allein die Pflicht zur materiellen Existenzsicherung wird mit Vaterschaft verknüpft, sondern die Pflicht zu mehr persönlicher Zeit für das Kind und die Familie.« Das Vaterbild hat sich gewandelt.

Auch Christians Vater war nicht mehr derselbe, als ich ihn ein paar Monate nach der Beerdigung wiedersah. Wir trafen uns in den USA. Ich hatte Christian und Ivy bei der Trauerfeier versprochen, sie zu besuchen. Von Hans war dabei nicht die Rede gewesen. Zwei Tagen nach meiner Ankunft trat Christian neben mich auf den Balkon seiner Wohnung. Über uns funkelten Sterne, in der Ferne brummten Autos, in der Nähe zirpten Grillen. Ihre Geräusche wehten vom Park gegenüber zu uns. »Hans fragt, ob er am Wochenende für ein paar Tage kommen kann.« Christian nippte an seiner Bierflasche. – »Für mich ist das kein Problem.« Ich nahm ebenfalls einen Schluck. »Aber wie findest du das?« – Christian seufzte. Die Grillen zirpten. »Ich muss es okay finden. Es geht ihm schlecht. Er geht nicht raus, lebt nur von Dosenessen.« – »Hab ich mein ganzes Studium lang gemacht«, sagte ich. Wir kicherten. – Christian blickte mich an. »Ist es wirklich okay für dich? Du musst das Doppelbett im Gästezimmer mit ihm teilen.« – »Solange er nicht schnarcht.«

Hans schnarchte. Drei Nächte und drei Tage lang. Wenn er nicht schnarchte, saß er reglos auf dem Sofa im Wohnzimmer. Das aschblonde Haar war grau geworden und Hans so dünn, dass die Haut an seinen Armen durchsichtig schien. In der dritten Nacht wurde ich durch seine Schreie wach. »Nicht bluten, nicht bluten.« Hans wälzte sich hin und her. Ich packte seine Schultern, schüttelte ihn, er schreckte hoch. Aufrecht saß er auf dem Bett. Eine Silhouette mit abstehenden Haaren. Er rieb sich die Augen. »Wo bin ich?« – »Bei Christian und Ivy. Alles ist gut.« – Hans nickte, nahm ein Glas Wasser vom Nachtisch und trank einen Schluck. Für einen Moment wollte ich ihn umarmen. So hilflos schien er mir. Dann hörte ich seine Stimme. »Haben Sie ein Mädchen?« – Ich lachte kurz auf. »Gute Uhrzeit für solche Fragen. Nein.« – »Entschuldigung. Das war indiskret.« Stille. Atem. »Sollten Sie mal jemanden richtig lieben, dann vergessen Sie das nie.« – Ich lächelte in seine Richtung. »Werde ich nicht. Versprochen.« – »Ich meine es ernst.« Seine Stimme war jetzt fest. »Liebe ist so außergewöhnlich, das sie im Alltag keinen Platz hat. Und anstatt einen zu schaffen, stellen viele sie auf die Seite. Ist ja nur für kurze Zeit, denken sie. Aber dann steht die Liebe da doch für immer rum. Weil sie nie reinpasst. Und irgendwann fühlen sich jene, die einst liebten, deswegen schlecht und sind erst auf sich wütend und dann auf die Liebe.«

Am nächsten Morgen wachte ich auf und war sehr müde. Hans dagegen schien zum ersten Mal bereit, das Haus zu verlassen. »Musst du auch«, sagte Christian, »du brauchst dringend neue Klamotten.« – »Also bitte!« Hans hob den Finger. »Diese Sachen hat deine Mutter gekauft. Das ist Premiumqualität.« Er schaute an sich herunter. Seine Ärmchen staken aus dem Kurzarm-Hemd heraus, seine Hose wurde von einer Kordel zusammengehalten. Hans fummelte daran herum. »Ich hab eben ein bisschen abgenommen.« Er zog an einem Ende, lächelte. »Aber sie ist wirklich praktisch, lässt sich auf jede Größe justieren.«

Eine Stunde später betraten wir einen Jeansladen in der Innenstadt. Hans blickte sich um, betrachtete die Industrielampen an der Decke, die Wände aus Backstein, das raue, unbehandelte Holz der Verkaufstische. Er nickte. »Aha, in solchen Läden kaufen die Modischen also Hosen.« – »Deine Größe?«, fragte Christian. – Hans zuckte mit den Schultern. »Woher soll ich das wissen? Ich habe nie eingekauft.« – Ivy strahlte. »I love it!« – Christian holte den Verkäufer. Ein Mann mit Nasenring, Bart und Tattoos an beiden Armen. »Was ist das?«, fragte Hans und deutete auf den Ring in der Nase. »What's that?«, sagte der Verkäufer und deutete auf die Kordel um Hans' Hüfte. Ivy erklärte. Der Verkäufer nickte, ging zu den Regalen, zog ein paar Hosen heraus und drückte Hans den Stapel in die Hand, der damit in der Umkleidekabine verschwand. Wir warteten. Aus der Kabine drangen Geräusche, die nach Arbeit klangen. Der Vorhang wackelte. Einmal, zweimal. Dann trat Hans aus der Kabine. »Und, wie?« Eng. Die Jeans klebte an seinen Beinen, die plötzlich sehr zerbrechlich wirkten, während der Oberkörper erstaunlich rund schien. Als hätte jemand zwei blaue Stäbchen in einen Knödel gesteckt. Ein Kastanienmännchen in Lebensgröße. Hans hob vorsichtig ein Bein, verzog das Gesicht. »Ich kann nicht richtig laufen.« Er deutete auf seinen Schritt. Ivy kicherte. »Nächste Hose«, sagte Christian. Die zweite Jeans war ein Baggy-Modell. Sehr, sehr weit. Hans strahlte. »So ein fetziges Beinkleid! Ich seh richtig jung aus. Findest du nicht, Christian?« – »Nächste.« Die dritte Hose schnitt in die Pofalte. Die vierte war zu kurz. Die fünfte zu lang. Die sechste Hose passte. »Hübscher Hintern«, sagte Ivy. Hans lächelte. Christian seufzte. Und zahlte. Weil Hans die Geheimnummer seiner Karte nicht kannte. »Die weiß nur deine Mutter und auf Geschäftsreisen war ja immer …« »Schon gut«, sagte Christian. »Ich habe Hunger«, rief Ivy.

Wir aßen in einem Diner ein paar Straßen weiter. Frittierte Hühnerflügel mit verschiedenen Dips, dazu Pommes aus Süßkartoffeln. Nichts Aufregendes. Für Ivy, Christian und mich. Hans hatte noch nie so etwas Gutes gegessen. Sagte er. Die Saucen, die Panade, die Süßkartoffeln. »Die gibt es bei uns nicht.« – »Doch«, sagte Christian. – »Aber nicht so«, sagte Hans, »das glaube ich nicht.« Er wollte auch nicht glauben, was sich am Getränkeautomaten abspielte. Gäste, die sich ihre Becher wieder auffüllten. Immer wieder. Sooft sie wollten, ohne extra zu zahlen. Ivy erklärte Hans das Konzept des Refill. »Aber da trinken die doch, bis der Laden pleitegeht«, sagte Hans. Wir lachten. Und Hans versuchte seine These zu belegen. Dreimal füllte er seinen Literbecher mit Cola auf. Dann war ihm schlecht.

In den nächsten Tagen besuchte Hans zum ersten Mal einen Freizeitpark und ein Football-Spiel, er lernte, wie man mit dem Smartphone ein Taxi bucht und einen Tisch im Restaurant, und irgendwann stand er in einer Bar und guckte auf eine Bühne, die nur von ein paar Glühbirnen beleuchtet wurde. Hans' erster Poetry-Slam. Christian erklärte ihm das Konzept. Dass die Stücke selbst geschrieben waren, dass sie innerhalb einer gewissen Zeit vorgetragen werden mussten, dass das Publikum per Applaus entschied und dass es Poetry-Slams auch in Deutschland gab. »Das weißt du alles?«, fragte Hans. – »Ich bin da selber aufgetreten. Jahrelang.« – »Ach so.« Hans schaute in seinen Drink. Dann betrat eine junge Frau die Bühne. Hans reckte den Hals. Die Frau erzählte, wie sie zu Verabredungen dauernd zu spät kam, weil sie vor dem Ausgehen immer den Wasserhahn kontrollierte und die Steckdosen und den Herd und, und, und. Hans schmunzelte, kicherte, lachte. Und stand am Ende jubelnd auf einem Barhocker. Dann musste er auf die Toilette. Genau wie ich einige Augenblicke später.

Ich drängte mich durch die Menge und stieß die Klotür auf. Die Pissoirs lagen direkt dahinter. Hans stand da, ganz alleine. Er blickte auf das Urinal, auf seine Unterhose, aus der etwas Buntes hervorhing, an dem er herumnestelte. »Hallo«, sagte ich. Hans fuhr herum, hielt die Hände vor den Schritt, schaute mich an. »Ach Sie sind es.« Dann sah er an sich herunter. Er lächelte. »Das ist meine Konstruktion. Eine Plastiktüteneinlage für die Unterhose. Selbst gebaut!« – »Sie müssen mir nichts erklären.« – »Doch, sonst erzählen Sie es Christian und dann macht er sich Sorgen.« – »Ich …« – Hans winkte ab. »Nichts Schlimmes, ich habe nur etwas Blut im Urin und will nicht, dass sich meine Sachen verfärben.« Hans zog sich die Hose hoch und machte den den Reißverschluss zu. – »Sollte da nicht trotzdem ein Arzt einen Blick drauf werfen?«, fragte ich. »Also ein anderer Arzt?« – Hans drehte den Hahn des Waschbeckens auf, schüttelte den Kopf. »Dann müsste ich nach Hause fliegen und in der Klinik rumsitzen. Das habe ich oft genug gemacht.« – »Aber vielleicht verlieren Sie gerade wichtige Zeit?« – »Dafür gewinne ich gerade einen Sohn.« Dann trat er aus der Tür. In Lärm, Licht, Leben.

Zum ersten Mal seit die Industrialisierung sie von ihren Familien getrennt hat, sind Väter anwesend. Nicht nur spätabends oder am Wochenende. Sondern auch vormittags, wo sie mit Kinderwagen und Windelpaket durch die hippen Viertel der Metropolen laufen. In den Medien werden sie oft bespöttelt, als »Illusion« oder »Mythos« bezeichnet. Kürzlich twitterte ein britischer Moderator ein Bild des Bond-Darstellers Daniel Craig. Nicht am Set, sondern in seiner Freizeit. Nicht im Smoking, sondern mit einer Babytrage.

Der Moderator setzte den Hashtag #entmännlicht unter das Foto und schrieb: »Oh 007 … nicht auch noch du?!!!« Als wäre es unvorstellbar, dass Männer Väter sein wollen, dass Sandkastenspiele sie glücklicher machen als Machtspiele. Was die Frage aufwirft, wer hier ein Problem hat. Die Väter jedenfalls nicht. Die kümmern sich mehr um ihren Nachwuchs als vorherige Generationen. Und je mehr sie sich kümmern, desto zufriedener sind sie. Das ergab eine Studie des Deutschen Jugendinstituts. Passend dazu gehen jährlich mehr Väter in Elternzeit und mehr Mütter arbeiten.

Neue Männer sind glückliche Väter. Erstaunlich? Nein. Es sind die Grundbedürfnisse des Menschen, die sie bei der Erfüllung ihrer Vaterrolle erfahren: Liebe, Nähe, Geborgenheit. Die Emanzipation der Mütter auf dem Arbeitsmarkt gibt ihnen die Chance zu alldem. Das wird ausgeblendet in den Schilderungen des Krisenmannes, der zwischen dem Wandel der Arbeitswelt und gut ausgebildeten Frauen zerrieben wird. Genauso wie die Tatsache, dass Männer auf dem Arbeitsmarkt weiter privilegiert sind.

Eine lange Elternzeit? Bei Frauen ein Karrierekiller. Bei Männern ein temporärer Knick. Für den sie gefeiert werden. Es reicht, als Mann einen Kinderwagen mittags durch die Stadt zu schieben, um von Frauen allen Alters angelächelt, gelobt, bewundert zu werden. Männer werden im Zusammenhang mit Kindern für ein Verhalten beglückwünscht, das bei Frauen als selbstverständlich gilt. Auch im professionellen Bereich. Jeder Erzieher wird bejubelt, als wäre die bloße Anwesenheit eines Mannes ein pädagogisches Konzept. Wirtschaftlich gesehen profitieren die neuen Männer doppelt vom Ende der alten Rollen. Sie können Berufe wählen, die Frauen vorbehalten waren, und zugleich die alten männlichen Privilegien genießen.

In Zahlen ausgedrückt: Der Anteil der männlichen Erzieher stieg von 3,1 Prozent im Jahr 2007 auf 5,8 Prozent zehn Jahre später. Klingt nicht viel, ist aber ein Zuwachs von zehn Prozent pro Jahr. Zugleich stellten Männer dreiundneunzig Prozent der Vorstände aller Firmen, die im Frühjahr 2017 an der Frankfurter Börse notiert waren. Insgesamt gab es neunundvierzig Chefs namens Thomas, neunundvierzig namens Michael. Und sechsundvierzig Frauen.

Vielleicht sind die Michaels und Thomasse dieser Republik so brillant wie alle deutschen Frauen zusammen. Wahrscheinlich ist das nicht. Sicher aber ist angesichts dieser Zahlen, dass die Krise des Mannes eine beherrschbare Krise ist. Der Mann wird modern. Und trotzdem Chef. Nur ohne Schreierei – was bei den Arbeitnehmern der Zukunft sowieso zwecklos wäre.

Es ist die Generation der Millennials, auch Generation Y genannt. Selbstbewusst, begehrt und zahlenmäßig so klein, dass sie sich ihren Arbeitgeber aussuchen können. Der Luxus, dass es in ihrer Generation mehr Jobs als Jobsuchende gibt, schlägt sich in ihren Erwartungen nieder. Von Chefs verlangen sie eine »zugewandte, fördernde und zugleich Autonomie und Mitsprache gewährende Haltung«, schreibt der Jugendforscher Klaus Hurrelmann in seinem Buch *Die heimlichen Revolutionäre*. Firmen mit einer traditionellen Hierarchie täten sich dabei schwer.

Kommunikation statt Kommando. Besprechen statt befehlen. Die Chefs der Zukunft brauchen die Eigenschaften der neuen Männer. Die Jungen sind leistungsbereit, wenn der Vorgesetzte auf ihre Vorstellungen eingeht. Besonders auf die Vorstellung, dass Familie und Arbeit vereinbar sind.

Jugendexperte Klaus Hurrelmann: »Die Y-Frauen wollen Kinder und Karriere verbinden. Und immer mehr Y-Männer wollen sie in beidem unterstützen.« Fast zwei Drittel der Männer unter dreißig fordern, dass Väter kleiner Kinder weniger arbeiten. Windel wechseln, Fläschchen geben und Kinderwagen schieben sehen sie als Vaterpflichten. Junge Männer wollen alles. Sogar echte Männerfreundschaften. 2017 erforschten Wissenschaftler erstmalig das Phänomen der Bromance, einer Mischung aus Romanze und Bruderschaft. Dafür befragten sie dreißig britische Sportstudenten. Keiner war homosexuell. Alle hatten eine Bromance. Einen Freund, dem sie von Ängsten erzählten und körperlich so nah waren, dass sie sich sogar das Bett teilten und kuschelten. Fazit der Forscher: Die Männer der Generation Y haben keine Sorge mehr, als homosexuell zu gelten. Sie leben ein neues Männerbild.

Die neuen Männer sind auch bei den Millennials noch keine Mehrheit. Aber sie sind auf dem Weg dahin. Genauso wie sie auf dem Weg sind, in Wirtschaft, Staat und Gesellschaft die Chefposten zu übernehmen. Mitsamt ihren Vorstellungen. Spätestens dann wird sich das Männerbild wandeln. Und vielleicht umarmen sich Männer dann sogar zärtlich. Nicht, weil sie Frauen sein müssen. Sondern Mensch sein dürfen.

Vor Kurzem wurde Christians Tochter geboren. Er ist jetzt ein Mann, der sein Kind trägt. Und manchmal darf auch Hans seine Enkeltochter halten. Was aus Hans' Geheimnis wurde, weiß ich nicht. Es scheint ihm aber gut zu gehen.

Wir reden hin und wieder miteinander, immer dann, wenn er Ivy und Christian besucht. Wenn er nicht da ist oder mit der Enkeltochter draußen, reden Christian und ich. Über unser Leben vor den Kindern, seit den Kindern, mit den Kindern. Es ist schwer und es ist schön, sagt Christian dann gerne, und das letzte Mal fragte er: »Wie sieht eigentlich deine Work-Love-Balance derzeit aus?« Ich dachte nach. Über die Schritte, die auf jene folgten, mit denen ich die Geburtsstation verließ. Über Elternzeit und Teilzeit und die Erlebnisse und Erkenntnisse daraus. Und erzählte dann, wie mir trotzdem bange war, als ich neulich für einige Wochen alleine auf das Mini aufpassen sollte – und parallel dazu ein Buch schreiben. Dieses Buch. »Das war sicher eine superstressige Zeit«, sagte Christian. Ich überlegte. Und sagte: »Es war die beste Zeit.«

Ich bin kein Sammler, mir fehlt das Talent

Ich sammele mich. Zum Schreiben. Eine anstrengende Angelegenheit. Vor allem, wenn man seit Kurzem zweieinhalb Menschen ist. Zwei Menschen und ein Mini. Kleiner Körper, große Stimme, nachts aktiv. Das Mini brüllt. Ich flüstere. Das Mini brüllt. Ich singe. Das Mini brüllt. Ich brülle. »Ohne dich könnte ich jetzt schreiben! Oder schlafen! Oder einkaufen gehen!« Bessere Vorwürfe fallen mir nicht ein. Ich bin müde.

Als das letzte Mal von mir erwartet wurde, mich zu sammeln, stand ich in der Drogerie um die Ecke. Dort, wo die Kassiererin bisher nur sagte: »Dreizehneurosechzichhamsisklein?« Nun sagte sie: »Wollen Sie bei jedem Einkauf Punkte sammeln mit unserer Karte und sich so exklusive Prämien sichern?« – »Was für Prämien?«, fragte ich. – »Doppelte Punktzahl beim nächsten Einkauf!« – »Und dann?« – Die Kassiererin zuckte mit den Schultern. Ich nahm die Karte. Ich verlor die Karte. Ich bin kein Sammler. Mir fehlt das Talent.

Andere Kinder sammelten Murmeln, ich verschluckte sie. Andere Jugendliche sammelten sexuelle Erfahrungen, ich

liebte unglücklich. Andere Erwachsene sammeln Wohnungen, ich schreibe.

Der größte Sammler unter meinen Freunden war Stefan. Er sammelte alles. Und von allem mehr. Bei den Murmeln rief er mir im Kindergarten entgegen: »Ich habe alle Murumulen von Welt!« Bei den sexuellen Erfahrungen rief er mir aus dem Telefonhörer entgegen: »Ich bin jetzt zweistellig!« Mittlerweile ist er bei den Wohnungen angekommen.

»Wieso machst du das?«, fragte ich. »Kennst du die Fabel von der Ameise?«, sagte Stefan. »Es ist Sommer: Die Grille fiedelt rum, die Ameise sammelt Vorräte. Es ist Herbst: Die Grille friert, die Ameise frisst. Es ist Winter: Die Grille bettelt, die Ameise frisst weiter. Die Grille ist tot.«

Ein paar seiner Wohnungen will Stefan vermieten. »Und von dem Geld wird richtig gelebt.«

Sammlungen sind nie vollendet. Außer, wenn der Sammler stirbt. Ich habe keine Zeit dafür. Zu viel Leben in meinem Leben.

Ich habe noch nie ein Tabu gebrochen

Ich ordne. Meine Werte. Auf einem Blatt Papier, in einem Seminar. Titel: »Lebensprinzip Leadership«. Durch das Seminar führt ein Mann. Hochgekrempelte Hemdsärmel, hemdsärmelige Sprache. »Wer priorisiert, performt«, sagt er. Dann erzählt er von seiner Familie. Vier Kinder, eine Frau, keine Priorität. »Kommt scheiße, wenn alle vom neuen Mann quat-

schen. Aber Leadership heißt, Tabus zu brechen.« Ich schaue auf das Papier. Für jeden Wert gibt es ein Kästchen.

Ich habe noch nie ein Tabu gebrochen. Nur beim Brechen zugeschaut.

Lisa begegnete mir bei der Einführungsvorlesung für Soziologie. Sie saß in der ersten Reihe und war auch sonst sehr weit vorn. Lisa prangerte Professoren an, die Studentinnen anbaggerten. Sie protestierte mit unrasierten Achseln gegen die Normierung des weiblichen Körpers. »Wir müssen über Sexismus, Gender-Pay-Gap und Bodyshaming reden«, sagte Lisa, »die Schwachen brauchen keine Tabus, sie brauchen Respekt.« Lisa räumte den Campus auf, ich unsere WG, und manchmal, wenn sie vom Kämpfen müde war, ruhte sie bei mir. Irgendwann sagte ich: »Ich will etwas finden, das mich begeistert«, und zog aus. »Aber schreib mir immer, ja?«, sagte Lisa und lächelte.

Ich fand das Schreiben.

Einen meiner ersten Artikel schrieb ich für eine Zeitung, die von alter Größe zehrte, in einer Stadt, die nach neuer Größe strebte. Ich saß in einem Theater, um mich herum Menschen, die die großen Zeiten noch erlebt hatten. Auf der Bühne sprach ein Mann von Integration. »Das Kopftuch ist mit unserer Demokratie nicht vereinbar.« Applaus. »Aber darüber redet man nicht. Das ist ein Tabu.« Jubel.

Vor Kurzem sah ich Lisa wieder. Sie saß auf einer Bühne. Im Saal gab es Törtchen in Vagina-Form und Strickanleitungen für Einhörner. Lisa sagte: »Frauen in unserer Gesellschaft leiden unter einem Mutterkult.« Applaus. »Kinder schränken ein, machen abhängig.« Applaus. »Aber zu sagen, dass man Kinder bereut, ist ein Tabu.« Jubel.

Ich sitze in einem Seminar und schreibe über alle Kästchen hinweg: »Respekt«.

Ich trinke Sekt und denke an Matthias

Ich gehe aus. Zu einer Lesung. Mit Sektempfang. Das war mal normal. Wer schreibt, hat viele Bekannte, die schreiben. Wer schreibt, hat viele Bekannte, die trinken. An den Bekannten hat sich nichts geändert. An meinem Leben schon.

Das Mini trinkt auch gern. Aber anders. Die Babysitterin heißt Selin.

Der Autor auf der Lesung hat einen anderen ausländischen Namen. Sein Buch ist eine Satire über Frauen mit Kopftuch. Es geht um Missverständnisse und Staatsverständnisse und in der Pause um alles. »Da fehlt ein Luther«, sagt eine Frau mit schwerem Goldschmuck. »Die müssen sich von Gewalt distanzieren«, sagt eine Frau mit schwerem Parfum. »Ist eben eine Machokultur«, sagt ein Mann mit schweren Augenlidern. Ich hatte leichtere Gespräche erwartet.

Dort, wo ich das Ausgehen lernte, gab es keine Menschen mit Kopftüchern. Es gab Matthias. Bei einer Prügelei in der Kuschelecke des Kindergartens lernten wir uns kennen. Beim Rauchen im Erholungsraum unserer Schule wurden wir zu Freunden. Und bei einem Roadtrip ohne Führerschein schworen wir Blutsbrüderschaft. Gingen wir aus, kamen wir erst morgens nach Hause. Ich häufig alleine. Matthias eher selten. »Ich kann eben mit Menschen«, sagte Matthias. »In die Augen schauen, bisschen quatschen, dann weißt du, wie die ticken.« Ich konnte eher mit Büchern.

Die Bücher machten mich zum Studenten, irgendwo im Ausland. Die Menschen machten Matthias zum Auszubildenden bei einem Mittelständler in der Gegend. »Ich studiere das Leben«, sagte er. Wir telefonierten erst jeden Tag, dann nur noch an Geburtstagen. Ich erzählte von Vorlesungen in einer anderen Sprache. Matthias erzählte von Businessreisen in alle Welt. Er schaute den Frauen in Afrika in die Augen. »Du weißt ja, was man da sagt.« Und den Frauen in Amerika. »Total verrückt.« Nur in die Augen von Frauen mit Kopftuch blickte er nie. »Da kriegt man gleich Ärger mit dem Bruder.« – »Sicher?«, fragte ich. – »Kann man überall lesen«, sagte Matthias. »Die werfen sich doch alle nur auf den Boden.«

Vor mir hat sich erst ein Mensch auf den Boden geworfen. Das Kind von Freunden.

Die Freunde hatten mich vor ein paar Wochen zum Abendessen eingeladen. Samt Mini. »Unsere Kleine freut sich über Minis«, sagte die Gastgeberin. Die Kleine freute sich, als das Mini gefüttert wurde. Sie freute sich, als ich das Mini im Arm hielt. Sie warf sich schreiend auf den Boden, als die Gastgeberin das Mini im Arm hielt. »Was hat sie?«, fragte ich. »Zu wenig Erfahrung«, sagte die Gastgeberin.

Matthias ist seit Kurzem Russland-Vertreter seiner Firma. Er sagt, es sei der Wahnsinn.

Als ich nach der Lesung die Wohnung betrat, schlief das Mini in Selins Armen. »Ich kann eben mit Menschen«, sagte Selin. Sie lächelte. Ich nickte. Dann öffnete ich uns eine Flasche Sekt. Als Selin nach Hause ging, zog sie ihr Kopftuch ein bisschen fester.

Ich verstehe die Wut und ihre Regeln

Ich übe. Verrat. An all meinen Idealen. Mit einem einzigen Text. Findet eine Freundin. Sie ist Dramaturgin an einem Theater, das viel Kapitalismuskritik übt und wenig zahlt. In dem Text geht es um Redefreiheit und Rassismus. »Der Text ist rassistisch«, sagt die Freundin. Wir kennen uns seit dem Studium. Ihre Fächer waren so klug wie ihre Ansichten. Sie ist schwarz und hat selbst Rassismus erlebt. Ich sage: »Du weißt, dass ich kein Rassist bin.«

»Du machst in dem Artikel keinen Unterschied zwischen schwarz und weiß.«

»Eben.«

»Antirassistisch wäre es, ›schwarz‹ großzuschreiben.«

»Das wäre antiorthografisch.«

»Siehst du?! Dir sind rassistische Strukturen egal.«

Sie schluchzt. Ich schweige.

Ich wusste noch nicht viel von der Welt, als ich sie mit Rechtschreibung verändern wollte. Ich wusste nur, dass die Welt darauf wartet. Das hatte mir Fabian Fabrikantensohn gesagt. So nannten wir ihn in unserer Schule, die klein genug für solche Namen war. Fabian wollte Literatur studieren und sah auch so aus. Mit etwas zu langen Haaren und etwas zu leuchtenden Augen und einem Buch in der Hand. Immer. Wir trafen uns zuerst bei einer Lesung, dann bei einem Lesekreis, der bald zum Schreiberkreis wurde und aus uns beiden bestand. Wir verfassten Kurzgeschichten und Gedichte, Dialoge und Szenen. Fabian wollte eine Sprache, die fühlt. Er schrieb »WUT« und »angst« und »einunendlichergedankenstrom«. »Die Regeln unserer Sprache engen unsere Gedanken ein, und unsere Gedanken engen unser Leben ein«, sagte er. »Worte müssen wie Luftballons fliegen.« Ich verstand. Fabians Vater verstand nicht. Er mahnte und drohte und hatte das Geld. Erst verschwand das Buch. Dann die langen Haare. Dann wurde das Literaturstudium zum Germanistikstudium zum Marketingstudium. »Ich kann ja nebenher schreiben«, sagte Fabian. Ich verstand nicht.

Der regelloseste Mensch, den ich je traf, war mein Onkel George. Er lebte in den USA, wohin er vor den Kommunisten geflüchtet war. Aus Osteuropa, unter einem Namen, der ebenso vergessen war wie sein Alter. »Über siebzig«, sagte meine Mutter. George sah jünger aus. Und nicht nach Osteuropa. Mit Cowboyhut stand er am Bahnhof. Auf dem Weg zu seiner Ranch schoss er Klapperschlangen. Aus dem Jeep heraus. »So wie damals ein paar Russen«, sagte George. Er lachte. Ich nicht. George verehrte deutsche Gewehre und die deutsche Klassik. Er schwärmte von den Prostituierten im Vietnamkrieg und von den Pos seiner Liebhaber. Er verachtete Mexikaner und zahlte das Studium einer mexikanischen Freundin. »Das verstehe ich nicht«, sagte ich. »Das ist Leben«, sagte George. Und lachte.

Vor Kurzem habe ich Fabian wiedergesehen. Er hatte mich eingeladen. Zur Eröffnung einer Fabrik. Seiner Fabrik. Fabian hielt eine Rede, so kurz wie seine Haare. In der Hand eine Schere. Als er das Band durchschnitt, stiegen Luftballons auf. Die meisten verfingen sich in einem Baum.

Vielleicht sollte ein weißer mann mehr Verständnis zeigen für die SORGEN einer SCHWARZEN Frau.

Ich trage Jogginghose und bin mir sicher

Ich wanke. Den Bürgersteig hinunter. Pfützen auf dem Weg, Mini in den Armen, Hausschuhe an den Füßen. Dazu Jogginghose. Es musste schnell gehen, zum Arzt, das Mini ist krank. Die Ampel leuchtet rot. Die Haare der Frau neben mir leuchten lila. Die Frau schaut das Mini an und lächelt. Sie schaut mich an und lächelt nicht mehr. »Ist das Ihr Kind?« Ich nicke und überlege, ob sie Jogginghosen ablehnt. Oder Hausschuhe. Oder nur mich. Die Frau fragt: »Hat das Kind keine Mutter?« – »Ist arbeiten«, sage ich. – »Ah ja«, sagt die Frau.

Menschen wanken schnell. Ihr Weltbild nicht.

In der Gegend, in der ich aufwuchs, stand alles fest. Häuser, Berufe, Geschlecht. Am festesten stand Julia. Sie trug Perlen um den Hals und ein »von« im Namen. BWL in Süddeutschland, Praktika in aller Welt, Assistentin eines Geschäftsführers. »Wenn du weißt, was du willst, kriegst du es«, sagte Julia. Ich zweifelte daran. »Du zweifelst zu viel«, sagte Julia, die mich aus diesem Grund nur manchmal wollte. Lieber wollte sie Männer, deren Namen wie französischer Wein klangen. Einen davon für immer. »Sicher?«, fragte ich. »Ich will Kinder«, sagte Julia.

Sie blieb in der Gegend. Ich nicht.

Mein Weltbild begann zu wanken, als ich die Welt kennenlernte. Armut in Indien. Ungerechtigkeit in Amerika. Svetlana in Belarus.

Belarus bestand aus Beton und Kälte. Bis ich Svetlana auf einer Feier traf. Sie trank schnell, redete noch schneller, und als der Morgen kam, da war sehr schnell alles passiert, und ich wusste, dass nur ihre Fingerspitzen etwas kalt waren. Sonst wusste ich nichts. Ich sagte: »Heimat.« Sie sagte: »Gefängnis.« Ich sagte: »Reisen.« Sie sagte: »Papiere.« Ich sagte: »Zukunft?« Sie sagte: »Ich heirate bald. Einen Kanadier.« Es war kalt. Ich sagte: »Liebe?« Sie antwortete: »Du kannst sie dir leisten.«

Vor Kurzem wollte Julia wieder. Mit dem Mann ist es aus. Sie hatte im Nachttisch eine Packung gefunden. Die Pille. Nicht von ihr. Kinder gibt es noch keine. »Und?«, sagte Julia. Ich zweifelte keine Sekunde. »Nein«, sagte ich.

Beim Arzt schaukele ich das Mini. Hin und her. Wir wanken. Das Mini lächelt.

Ich bin unverheiratet und liebe ungeregelt

Ich regele. Mein Leben. Zwei Wohnorte, ein Mini, unverheiratet. Langweiliger, liberaler Mainstream. Dachte ich. Wie naiv. Elterngeld, Vaterschaft, Kita-Suche. Seit Wochen telefoniere ich mich durch die Behörden, kriege keine Antworten, dafür Tipps: »Vergessense die ganze Romantik. Heiratense einfach schnell.«

Ich glaube nicht, dass Heiraten einfach ist.

Obwohl viele meiner Bekannten kürzlich geheiratet haben. Am kürzlichsten Ferdinand. Als ich ihn traf, trug er Lederjacke und Bücher von Nietzsche und benahm sich auch so. Auf jeder Party eine Frau, nie eine Freundin. In jeder Bar ein paar Kumpels, nirgends ein Freund. »Ich will die Umwertung aller Werte«, sagte Ferdinand, »Gefühle sind Schwäche.«

Bei der Hochzeit trug er einen Anzug und die Braut ein Bäuchlein. Ich hatte mir die Umwertung aller Werte anders vorgestellt. Mit Gefühlsproblemen kenne ich mich aus.

»Hier wird nicht ungeregelt rumgeliebt«, sagte Herr Engel. Er leitete die Behindertenwerkstätte, in der ich Zivi war. Über seinem Schreibtisch lächelte der Papst und litt Jesus. Darunter litt Herr Engel. »Die mongoloiden Herrschaften machen uns zu schaffen«, sagte er und meinte Anne und Max, die Mitarbeiter mit Down-Syndrom. Sie waren ein Paar, seit Kurzem. Zuvor kam man nicht an Max vorbei, ohne dass er sich an Gegenständen rieb, die Hand zwischen die Beine hielt und »Bumsalarm!« rief. Jetzt hielt er nur noch Annes Hand. Und lächelte.

Herr Engel lächelte nicht. Herr Engel sagte: »Wir müssen Maßnahmen ergreifen.«

Anne kam in eine andere Abteilung, und Max hielt keine Hand und auch sonst nichts mehr. Nach ein paar Wochen fand ich ihn auf der Toilette. Im Krankenhaus holten sie diverse Objekte aus diversen Körperöffnungen.

Ich mag zu romantisch sein. Aber ich finde geregelte Gefühle schwierig.

Ich gehe weg. Und komme wieder

Ich nehme eine Auszeit. Von der Kolumne. Von der Redaktion. Vom Schreiben. Sechs Monate.

Um mich zur Auszeit zu entschließen, brauchte ich zwölf. Ich dachte nach. Über den Grund meines Wunsches und die Bedeutung einer Auszeit. Was würde ich gewinnen, was würde mir fehlen? Was erhoffte ich mir, wovor fürchtete ich mich?

Dann entschied ich mich. Und erzählte von meiner Auszeit. Ich wollte auch von meinem Grund erzählen. Aber da hatten alle schon eine Meinung. »Verstehe ich, dass du aufhörst. Die Kolumne war etwas fad«, meinte mein Freund Mario. »Ich höre nicht auf, ich setze aus«, sagte ich. »Diese Kommune, die passte eh nie zu dir«, meinte meine Tante. »Kolumne, es ist eine Kolumne«, sagte ich. »Eine neue Situation erfordert neues Denken«, meinte mein Chef. Ich sagte nichts. Ich dachte: Brexit, Trump, Lügenpresse. So vieles steht infrage, was ich für fraglos hielt.

Die Kollegen werden mir fehlen. Vergangene Woche schrieben sie in der ZEIT über Kunstwerke, die ihr Leben verändert haben. Jeder fand etwas. Sogar jene, die nicht mitmachten. Weil jeder Mensch etwas findet. Ich fand Tucholsky. In einem Deutschbuch. Großes Format, viele Seiten, kleine Geschichte. Über ein Paar an einer Straßenecke. Das einander hält, fest, auch an seiner Liebe. Obwohl da nichts mehr ist. Ich hatte nie zuvor so etwas gelesen. So traurig, so leicht, so menschlich. Geschrieben, als die Menschlichkeit infrage stand. Tucholsky blieb bei mir. Ich las all seine Texte. Die kurzen, die langen, die lustigen, die traurigen, die wütenden. Und den Satz von Erich Kästner über ihn: »Ein kleiner dicker Berliner wollte mit der Schreibmaschine eine Katastrophe aufhalten.«

Ich wuchs auf in Jahren, in denen nichts infrage stand.

Und kam in ein Alter, in dem ich alles infrage stellte. Nicht mit Texten. Sondern mit Diskutieren und Demonstrieren und einer Fahne. Schwarzer Che auf rotem Tuch. An einen Besenstiel genäht. Von meiner Mutter. »Wofür brauchst du das, mein Schatz?«, fragte meine Mutter. »Für die Revolution«, sagte ich. »Ach so«, sagte meine Mutter. Dann bügelte ich die Fahne. Brannte ein Loch hinein. Und nahm sie dennoch mit.

Am 1. Mai zogen wir durch die Stadt. Vorne spielte ein Lautsprecherwagen Arbeiterlieder, dahinter rief eine Arbeiterschaft aus Hippies, Abiturienten und Gewerkschaftern: »Brecht die Macht von Konzern und Kapital!« Die Revolution startete vor dem Drogeriemarkt und endete an der Kreissparkasse. Wir fuhren nach Hause. Ein paar hatten Läuse.

Schreiben verhindert keine Katastrophe.

Fahnen starten keine Revolution.

Trotzdem muss man es versuchen. Alles, was von Wert ist, bedeutet Arbeit. Auch Liebe.

Der Grund für meine Auszeit? Vaterzeit. Für das Mini. Manchmal werden *work* und *love* eins.

Ich laufe aufrecht durch ein Märchen

Ich bin raus. Aus der Arbeitswelt. Hinter mir liegen Konferenzen und Deadlines. »Vor dir liegt eine kostbare Zeit«, sagt die Kollegin am Telefon. »In der Elternzeit lernt man sich selbst ke…« Die Verbindung bricht ab. Vor mir liegen auch ein Fluss, ein Wald und ein Mittelgebirge. Daher liegen Handynetze meist hinter mir.

Der Empfang ist so märchenbarock wie die Stadt, in der ich meine Elternzeit verbringe. Die Bewohner sind eher altbarock. Die Haare der Frauen sehen aus, als würden Flamingos darin nisten. Die Männer brummen in Bärte und Bäuche. Der Mensch, der mir viel bedeutet, arbeitet hier. Sie arbeitet viel, braucht keinen Empfang und sagt: »Außerdem muss ich hier auch niemanden kennenlernen.« Ich gehe viel spazieren. Mit Empfang und Kennenlernen klappt es trotzdem nicht. Ich lerne anderes:

1) Den Kinderwagen und ein Dutzend Einkaufe in den Bus zu heben und dabei zu streiten. Am Telefon. Mit meiner Mutter, die fragt: »Wie läuft dein Babyurlaub?« – »Elternzeit! Elternzeit!«, rufe ich, und: »Gut läuft er!« Die Verbindung bricht ab.

2) Während dieser Busfahrten die Fingernägel des Mini zu schneiden, weil es nur still hält, wenn es schläft, und nur schläft, wenn es brummt.

3) Überall den Po des Mini mit Creme zu verzieren, als wäre er das Gewölbe der Sixtinischen Kapelle.

4) Zu singen, krabbelgruppenöffentlich. Der Gruppenleiter spielt Gitarre mit geschlossenen Augen. Außer beim Begrüßungslied. Da heißt er jeden willkommen: »... all unsere Mamas sind da und unser Papa ist da!« Er lächelt. Die Mamas lächeln. Der Papa lächelt nicht. Ich muss den Ton halten.

In der Zeitung, in der ich das Schreiben lernte, nahm die Zahl der Redakteure stetig ab und die der Legenden zu. Am populärsten: Der Kolumnist. Persönlich kannte ihn keiner mehr, seine Geschichte kannte jeder. Als Reporter preisgekrönt, als Reiseteilchef anerkannt, als Panoramaredakteur akzeptiert, am Ende Lieferant von: »Der Kolumnist, der was vermisst«. Was er in seinen Kolumnen vermisste, wurde nie klar. Was er an seinen Kolumnen vermisste, schon: Geld. Das schrieb er in einer Abschiedsmail. Sein mit Abstand bester Text seit Jahren, mit Schlusssätzen, die nach Entlassungen in der Redaktion oft Trost spendeten: »Außerdem hasse ich Schreiben. Deshalb Gastro. Lieber aufrecht hinterm Tresen, als gebückt am Schreibtisch.«

Nach dem Tag mit dem Mini beginnt der Abend mit dem Mini. Wir essen, lesen, schlafen. Das Mini tief. Ich gar nicht. Ich checke die Mails der Redaktion. Jungredakteure laden zum Netzwerken ein. Ich fühle mich alt. Kollegen entwickeln ein Elternheft. Ich fühle mich ignoriert. Der Chefredakteur kündigt neue Korrespondenten an. Ich fühle nichts mehr. Ich denke über meine Träume nach.

»… und der Papa sieht blass aus!«, singt der Krabbelgruppenleiter am nächsten Tag. Ich lächele. Und erzähle später von Netzen und Netzwerken, von Elternzeit und E-Mails. Er hört zu. Lange. Dann sagt er: »Lieber aufrecht hinterm Kinderwagen, als gebückt am Schreibtisch.«

Als ich durch das Märchenbarock nach Hause spaziere, sehe ich eine Frau. Altbarock. Flamingohaar. Auf ihrem Pulli steht: »Do something awesome.« Sie zieht an einer Zigarette.

Ich respektiere ungeregelte Bahnen

Ich vergebe. Einen Job. An eine Frau, die bei uns putzen soll. Ab sofort. Leider kann sie erst eine Woche nach ab sofort. Sagt sie, als ich sie von Küche zu Bad zu Putzeimer geführt habe. »Weil ich muss mich psychiatrisch reinfühlen.« In ihrer Agentur hieß es: Die Frau Dietzsche ist eine unserer Besten, trotz ihrer Belastungen als Alleinerziehende. Ich blicke Frau Dietzsche an. Rund, rosig, fast glänzend. Ich blicke die Wohnung an. Weniger glänzend. Die Belastungen meiner Elternzeit.

Ich habe Respekt für Alleinerziehende.

In der nächsten Woche teilt Frau Dietzsche mit, dass sie nicht kommt. Per SMS. »weil ich das kind aba kein mann hab.«

In der übernächsten Woche putzt Frau Dietzsche. Nicht unter den Schränken, wie ich später feststelle. »Warum?«, simse ich. »weil ich neun mal an knie operiert wurde«, simst sie.

»Schmeiß sie raus!«, ruft der Mensch, der mir viel bedeutet. »Die ist alleinerziehend!«, rufe ich. Sie zuckt mit den Schultern. »Wer schlecht arbeitet, den schmeißt der Chef raus. So läuft die Welt.«

In der Gegend, in der ich aufwuchs, lief die Welt so: Geburt, Schule, Beruf, Heirat, Haus, Geburt. Frauen wurden Mütter, Männer wurden Chefs, und alle zusammen wurden eine Familie. Berufstätige Mütter gab es kaum. Alleinerziehende noch weniger. Ich kannte nur eine. Und nur eine ausländische Mutter.

In der Gegend, in der ich aufwuchs, lief die Welt in geordneten Bahnen.

Die Kinder der berufstätigen Mutter weinten, weil jemand sie »Schlüsselkinder« nannte. Der Sohn der Alleinerziehenden prügelte sich, weil einer seine Mutter »Hure« nannte. Der Sohn der ausländischen Mutter war ich. Aber das begriff ich erst, als sie mich wegen Fieber ins Krankenhaus fuhr und der Oberarzt ihr den Weg zur Putzkammer erklärte. Er hatte ihren Akzent gehört. Ich bis dahin nur ihre Stimme.

Ich begab mich auf ungeordnete Bahnen. Ins Ausland, ins Schreiben und in Beziehungen mit Frauen, die von weit her kamen und sich so gaben. Die Wohnung putzte ich selbst. Oder gar nicht. Zum letzten Mal für den Menschen, der mir viel bedeutet.

Wir wohnten zur Miete, heirateten nicht, wurden Eltern. Nach der Geburt nahm ich mehrere Monate Elternzeit. Wieso?, fragte die Gegend, in der ich aufwuchs. Aus Respekt, sagte ich.

Frau Dietzsche wurde von dem Menschen rausgeworfen, der mir viel bedeutet.

Es folgten: Eine migrantische Rentnerin, die mit jedem Mal schneller, aber nie sauberer putzte – zum selben Preis. Auf Nachfrage bot sie ihren einarmigen Neffen als Extra-Fensterputzer an. Ich lehnte ab, sie kündigte beleidigt. Ein Austauschstudent namens Jack, der zweimal kam und jedes Mal eine andere Hautfarbe hatte. Beim zweiten Mal wässerte er die Dielen und tauchte ab.

Jetzt putzt ein kleiner Chef bei uns, der mich »großer Chef« nennt und sich als »Meister Putz« vorstellte. »Weil Sie so gut putzen?«, fragte ich. »Weil ich so geil putze, großer Chef«, sagte Meister Putz und drehte sein Smartphone auf. »Dubstep. Für'n Putzflow.« Zwischendurch fragte er noch, ob das Mini »Absicht« war und ob ich wirklich schreiben dürfe, was ich wolle. Als alles sauber war, wollte Meister Putz mehr Geld. »Startkapital.« Bekam er.

Wer Jobs vergibt, muss vergeben können. Auch sich selbst.

Ich kommuniziere bis zum Erbrechen

Ich werde abgeworben. Als Führungskraft. Wenn ich Lust habe. »Auf Leadership, Disruption und Content«, ruft mir der Headhunter aus dem Hörer entgegen. Er steht an einer Kreuzung. Dienstreise. Ich stehe in der Küche. Elternzeit. »Nicht schlimm«, ruft der Headhunter. Das Angebot kommt von einem Technologiekonzern, ich soll eine Redaktion aufbauen. Namen stehen noch nicht fest. Nur der Ort. »Licht, Glas, keine Wände«, sagt der Headhunter. »Ein Großraumbüro?«, frage ich. »Eine Kathedrale für News«, sagt der Headhunter, »ideal für einen Kommunikator wie dich.«

Mein letztes Großraumbüro wurde Warroom of News genannt. Nach einer Woche erlitt der Theaterkritiker eine Panikattacke, nach drei Wochen begann die Börsenredakteurin Kopfhörer zu verkaufen, schließlich stellte die Chefredaktion Trennwände auf.

»Du kannst also Disruption!«, ruft der Headhunter. Ich brauche Bedenkzeit.

»Das passt nicht zu dir«, sagt der Mensch, der mir viel bedeutet, am nächsten Morgen. »Aber ich bin ein Kommunikator«, sage ich. Sie zuckt mit den Schultern.

»Deine Mutter ist keine Kommunikatorin«, sage ich zum Mini, als ich es zur Krabbelgruppe schiebe. Das Mini nuckelt still an einem Holzpinguin.

Krabbelgruppen sind Großraumbüros für Babys.

Die Babys brabbeln, die Mütter klagen über abwesende Väter, und ich sage: »Aber man bekommt so viel zurück.« Die Mütter lächeln. Das Mini hockt starr mittendrin. Disruption und Kommunikation haben es schwer in dieser Familie.

Die turbulenteste Familie, die ich kannte, war keine. Sie war besser. Meinte Frida, die keine Frida war. Sondern eine Friederike-Sophie. Aber als Frida passte sie besser in eine Großstadt-Kommune. »In ein revolutionär-emanzipatorisches Kollektiv«, sagte Frida.

Frida stammte aus unserem Dorf, von einem Hof mit vielen Kindern und noch mehr Besuchern. Unter dem Dach war immer ein Zimmer frei, auf dem Tisch stand immer ein Teller mehr, und Frida wusste, wie sie mal leben wollte. »Genauso, aber mit politischem Bewusstsein.«

Bewusstsein gab es im Kollektiv genug. Der Marx-Lesekreis, das Praxisseminar Sozialismus, die vegane Volxküche und die Vollversammlung mit Selbstkritik, unter einem Banner mit der Aufschrift »Solidarität ist die Zärtlichkeit der Völker«. Es gab auch genug bewusste Kommunarden. Ein paar Studenten, zwei Familien und ein Mann, der aussah wie Marx, nur älter.

Frida las, praktizierte, kochte, kritisierte und war glücklich. Bis sie Mario in einer Bar traf, in der er Teller spülte, weil sein Deutsch kaum besser war als die Wirtschaftslage seines Heimatlandes. Mario kam bei Frida an. Aber nicht in der Kommune.

»Er hinterfragt den Kapitalismus nicht«, sagten die Studenten. »Er kocht Sauce Bolognese«, sagten die Familien. »Er liest kein Marx«, sagte Marx. Mario sagte nichts. Er saß unter dem Banner und hielt Fridas Hand. Am Ende der Sitzung schloss ihn das Kollektiv wegen Unruhestiftung aus. »Geht er, gehe ich«, sagte Frida. Die daraufhin wegen mangelnder Selbstkritik ausgeschlossen wurde.

Das Mini guckte eine halbe Stunde lang. Dann erbrach es

sich. Auf Bauklötze, Babys und sich selbst. Die Babys heulten. Die Mütter fluchten. Das Mini quietschte. »Eigentlich ist es eher ruhig«, sagte ich. Niemand lächelte.

Friederike-Sophie lebt heute mit Mario auf dem Heimathof. Ich habe den Job abgelehnt. Nichts bietet mehr Raum als Familie.

Ich trauere ganz ohne Reue

Ich habe einen Freund verloren. Plötzlich war er weg. Hinterließ nur ein paar Sätze, verfasst von seiner Frau. »Leider ist unser geliebter Mann und Vater Christian verstorben.« Von Kränzen bei der Trauerfeier ist abzusehen. Erinnerungen sind willkommen. Aus der Zeit, bevor es die Frau gab. Damit die Kinder wissen, wer der Vater war. Sie sind zu jung für Erinnerungen. Ich nicht.

Wir lernten uns im Auto kennen. Christian fuhr durch das Niemandsland zwischen Abitur und Studium. Ich stieg ein, weil er oft lachte und Freunde drin saßen. Sie hatten eine Band, die aus Haaren und Getöse bestand. Auf dem Auto prangte der Schriftzug »Dagegen«. Aber Christian war nie dagegen. Selbst wenn er nicht dafür war. Sein Herz war zu weich fürs Neinsagen. Sein Körper zu weich für Selbstbewusstsein.

So erzählte er es, während er mich zu einer Diskothek fuhr, in der es nichts gab, außer einem Mädchen, das ich sehen wollte. »Muss!«, rief ich. Christian lachte. Und fragte: »Wie spreche ich Frauen an?« – »Sei interessant und sei interessiert«, sagte ich.

Johann gehörte zur Familie. Weil er ein Freund meines Großvaters war. Und keine Familie hatte. Obwohl er Frauen ansprach. Er vergaß weder Namen noch Vorlieben, war zugewandt und weltgewandt. Johann konnte auch gut mit Kindern. Kam er von einer Reise, breitete er Geschenke und Geschichten aus. Einmal fragte ich, warum er keine Kinder habe. »Weil ich Frauen zu gerne habe«, sagte Johann.

Nach dem Abitur stieg Stefanie in Christians Auto. Zu ihr passte der Schriftzug. Christian liebte sie trotzdem. Und lachte über meine Zweifel. Wir zogen durch die Nacht und die USA. In New York führte Christian mich durch Manhattan und ich ihn ins Ghetto. In Kalifornien führte er mich zu den Mammutbäumen und ich ihn ans falsche Gate. Und am Strand von L. A. sagte er, dass er zurückwolle. Wegen Stefanie. »Das wirst du bereuen«, sagte ich. Am nächsten Tag fuhr er zum Flughafen und ich weiter, den Rest unserer Route ab.

Als Johann erste Namen vergaß, begab er sich auf die letzte Reise. Vorher rief er mich an. Es war Frühling und ich lief durch eine Stadt, die so weit weg war wie seine Stimme. »Soll ich kommen?«, fragte ich. – »Hast du ein Mädchen?«, fragte er. – »Na ja.« – »Dann bleib! Im Frühling zählt jeder Tag!«, krächzte Johann. Und legte auf.

Christian zog mit Stefanie zusammen und begann zu studieren. Ich begann zu suchen. Städte, Frauen. Telefonierten wir, redete ich und er lachte. Einmal weinte er. Weil Stefanie auszog. Etwas später zog die Frau ein, die seine Frau wurde.

Wir unternahmen nie wieder was. Aber ein paar Nachrichten schrieben wir uns noch. Seine letzte: »Überraschung!

Ich fahre unsere USA-Route ab. Weil Du Recht hattest: Ich habe es bereut.«

Christians jüngstes Kind ist so alt wie das Mini. Ich ging nicht zur Trauerfeier. Ich bin in Elternzeit.

Niemand muss bereuen, mein Freund. Obwohl Du wieder zu früh weg bist.

Ich verwildere liebevoller als Väter früher

Ich bin ein anderer. Früher war ich ein Mann mit Beruf. Heute bin ich der Papa. Früher trug ich Anzüge mit weißem Hemd. Heute trage ich Jogginghosen mit weißem Spuckfleck. Schrillte früher das Telefon, meldete ich mich: »Novotny, DIE ZEIT.« Schrillt heute das Mini, rufe ich: »Der Papa macht nur schnell Ham-ham, nicht weinen!« Außerdem pupst der Papa laut. Das habe ich als Redakteur nie gemacht. Es war mir zunächst auch unangenehm. »Oh, Pups!«, sagte ich. Das Mini sagte nichts. Es liegt auf seiner Krabbeldecke und sabbert. Wir verwildern gemeinsam.

In meinem Heimatdorf hatte keiner liebevollere Eltern als Jörg. Die meisten Väter waren Ärzte und Lehrer. Sie hatten tagsüber Arbeit und abends schlechte Laune. Die meisten Mütter hatten tagsüber Hausarbeit und abends Zweifel. Jörgs Vater war Bäcker. Er hatte Mittags Feierabend und dann Jörg, während die Mutter im Friseursalon Haare schnitt. Abends schaute die Familie fern und aß Leberwurstbrote. Manchmal durfte ich dabei sein.

Nach dem Abitur zog Jörg in die Welt und bebaute ihre

glänzenden Ecken mit glänzenderen Türmen. Die Ecken waren weit weg von unserem Dorf. Jörg noch etwas weiter. In seinem Loft hing kein Fernseher, sondern Fotografie. In seinem Kühlschrank lag keine Leberwurst, sondern Tofuschnitzel. Und in seinem Leben tummelten sich nur Bekannte. »Mit meinen Eltern kann ich über nichts reden«, sagte Jörg. – »Aber sie sind liebevoll«, sagte ich. – »Desinteressiert«, sagte Jörg.

In der Generation vor den Vätern mit schlechter Laune lebten die Väter, die keine Väter waren.

Großonkel Josef versteckte seine Familie in einer Aktentasche. Die trug Josef unterm Arm, wenn er zur Arbeit ging. Bei einem Konzern, der so groß war, dass die Arbeiter nach ihm benannt wurden wie Stammesangehörige. Josef hatte als Indianer begonnen und war nun Häuptling. Er kannte das Privatleben seiner Mitarbeiter und hatte selber keines. Er verpasste nie ihre Geburtstage, aber oft den eigenen. Er kannte alle Namen in der Abteilung, stockte aber bei denen seiner Kinder. »Die sind noch frisch«, sagte Josef.

Großonkel Josef trug immer Anzug. Er war nie der Papa. Vielleicht wäre er der Opa geworden. Aber da war er schon auf dem Nachhauseweg umgekippt und stand nie mehr auf. In Josefs Aktentasche fanden sich keine Akten. Sondern ein Brot, zwei Pfund Kaffee und der Rest des Wocheneinkaufs.

Jörg ist Vater geworden. Seine Eltern wohnen jetzt bei ihm. Um bei der Kinderbetreuung zu helfen.

Meine Elternzeit war fast zu Ende, als ich das letzte Mal sagte: »Oh, Pups!« Das Mini schaute mich an. Lächelte. Und sagte: »Oh, Papa!«

Das Mini ist jetzt ein Kind. Keiner geht aus der Elternzeit raus, wie er hineingeht.

Ich spiele Klavier und überhöre die Fehler

Ich vertraue. Einer Männerstimme, die ins Telefon ruft: »Nix Problema, hassu Klavier, Möbel, Kistä, kommä vier Hälfa, Lkw grossä.« Es geht um meinen Umzug. Früher rief ich ein paar Freunde an und bezahlte mit Pizza und Bier. Früher war ich eine Beiladung. Heute bin ich eine Familie. Ich inseriere im Internet, zahle mit Kreditkarte. Die Firma der Telefonstimme heißt Atlanten-Umzüge. Der Mensch, der mir viel bedeutet, fragt: »Sind die seriös?« Ich denke an Männer mit Weltkugeln auf dem Rücken, gestählt durch Sonne und Schnee. Ich sage: »Amazon ist auch ein komischer Name.«

Am Umzugstag kam der Lkw zwei Stunden zu spät. Mit drei statt vier Helfern. Zu wenig für das Klavier. Die Männerstimme rief ins Telefon: »Hole Fachmänna.« Die Fachmänner trugen T-Shirts eines lokalen Handyshops und schleiften das Klavier in den Lkw wie Raubtiere einen Kadaver in den Busch. Dann fuhren sie los.

Ich habe Vertrauen in die Welt.

Die Welt kam zu mir, lange bevor ich alt genug war, in sie hinauszugehen. Frau Yuki war schmal und klein und lächelte, wenn ich mich am Klavier verspielte. Sie lächelte oft. Ich übte wenig. Und redete viel. Über die Klasse, in der ich neu war, die Kinder, die ich nicht kannte. Frau Yuki hörte zu und reichte mir Blätter, die schmeckten wie Löschpapier mit Salz. »Algen«, sagte sie. Frau Yuki war aus Tokyo gekommen. Wegen der Arbeit ihres Mannes. Sie war die einzige Klavierlehrerin im Dorf. Alle Kinder gingen zu ihr. Alle übten wenig. Die Erwachsenen rätselten, wieso Frau Yuki den Nachwuchs nicht begeistern konnte. »Das Verständnis«, meinten sie im Musikverein. »Die Sprache«, meinten sie im Lesekreis. »Die Mentalität«, meinten sie im Heimatverein.

Bevor ich eine Familie war, reiste ich oft durch Sonne und Schnee. Das Reisen begann in einem Zimmer voller Geckos, aber ohne Fenster. Drinnen knatterte ein Ventilator, draußen knatterten Autos, und vor der Tür gab es nichts zu tun. Ich lief einen Fluss entlang, der schmaler wurde, an Häusern vorbei, die kleiner wurden. Bellende Hunde, grunzende Schweine, schreiende Kinder. Am Ende des Flusses saßen Männer. Zigaretten in den Mündern, Tattoos auf den Körpern, Messer in den Händen. Bevor ich umdrehen konnte, drehten sie sich um. Ich versuchte zu lächeln. Sie nicht. Sie winkten mich heran. Ich trat näher und schaute. Auf einen Berg Notenblätter. Einer der Männer faltete sie, einer schnitt, einer stapelte. Sie gaben mir ein Messer, ich schnitt schief. Die Männer lachten. Für Musikbücher, sagten sie. Später sagten sie, dass Deutschland gute Musik habe. Noch später, dass ich mitsingen solle.

Als Frau Yuki zurückmusste, weil ihr Mann zurückmusste, spielten alle Kinder die Lieder, die sie gelernt hatten. Viele Lieder. Noch mehr Fehler. Frau Yuki lächelte. Die Kinder weinten.

Am Morgen nach dem Umzug weckte mich Klaviermusik. Der Mensch, der mir viel bedeutet, spielt fehlerfrei.

Ich komme wieder, und alles bleibt anders

Ich bin zurück. Aus einer anderen Stadt. Einem anderen Leben. Der Elternzeit. Monatelang war ich weg. »Du wirst uns fehlen«, sagten die Kollegen. »Ihr mir auch«, sagte ich. Dann tauschte ich ein. Büroflure im Neonlicht gegen Spaziergänge im Sonnenschein. Currywurst aus der Kantine gegen Matjes vom Markt. Manuskripte voller Anmerkungen gegen Lätzchen voller Schmierereien. Ich war ganz weit weg. Und kam kein einziges Mal zurück. Nicht einmal für die Kollegen. Weil mir nichts fehlte.

Am Tag meiner Rückkehr war alles noch da. Büroflure, Manuskripte und Anmerkungen. »Schon zurück!?«, riefen die Kollegen. »Als wärst du nie weg gewesen«, sagte der Chef. »Wollten Sie nicht in Elternzeit gehen?«, fragte der Chef des Chefs in der Kantine. Er legte mir die Hand auf die Schulter. »Aber nicht zu lang, wir brauchen Sie.«

Ich hätte gerne vom Sonnenschein erzählt. Oder vom Markt. Sogar von den Lätzchen. Aber die Geschichten waren zu blass für das Neonlicht und zu sperrig für Büroflure.

Alles war da. Und nichts mehr vertraut.

Meine Großtante Maja redete oft von Rückkehr. »In die Heimat.« – »In die Hoffnungslosigkeit«, knurrte ihr Mann Herbert und erzählte, wie er Maja von dort weggeholt hatte. Aus diesem Land weit im Osten, diesem Dorf tief im Tal.

Mit einem Auto, das es in Majas Land selten gab. In Majas Dorf überhaupt nicht. Maja besaß nur ein Fahrrad. Mit Platten. Und es war nicht klar, was sie zuerst sah: Herbert oder Auto.

Ganz sicher aber sah sie eine Chance. Das Tal war ihr zu eng, das Dorf zu klein, das Elternhaus zu dumpf. Und weil Herbert auch etwas sah, nämlich eine sehr schöne junge Frau, öffnete er die Wagentür. Maja sank in den Rücksitz, in den Wurstgeruch aus Herberts Buden, die den Wagen finanzierten. Genauso wie Yacht, Chalet und Opernbälle. Majas ganzes neues Leben, das sie betrat, als sie dem Auto entstieg.

Auf Herberts Wunsch wurde sie Ehefrau und Mutter. Das neue Leben war da schon nicht mehr ganz neu. Die Wurstbuden waren ihr zu eng, das Chalet war zu dunkel, Herbert zu dumpf. Maja begann Bücher zu lesen, die Herbert nicht verstand, hatte Ansichten, die er nicht teilte, und wurde Vegetarierin.

Als das neue Leben alt war, verschluckte sich Herbert an einem Wurstzipfel. Maja trauerte, packte den Koffer und stand wieder im Dorf. Sie sah: Viele Autos. Kaum Fahrräder. Eine Ruine, die einst ihr Elternhaus war.

Maja packte den Koffer nie aus. Sie übernahm Herberts Wurstbuden. Die führen jetzt auch Salate.

Mein Freund Simon hasste seine Heimat von Anfang an. »Provinzialität ist Gift für mein Potenzial«, piepste er. Im Sandkasten. Ich verstand ihn nicht. Er sich auch nicht. Dafür verstand ihn seine Mutter. Schließlich war es ihre Meinung. Die keiner im Dorf teilte.

Simon wechselte vom Sandkasten in die Grundschule ins Gymnasium. Die Meinung über ihn wechselte nicht. Weder im Dorf noch bei ihm selbst. Simon liebte, was sein Potenzial förderte. Lehrer und Lexika. Dafür wurde er als Kind nicht zu Geburtstagen eingeladen, als Teenager nicht zu

Partys und hatte in der Pubertät statt einer Freundin nur einen Spitznamen: »Samen«.

Nach dem Studium entfaltete Simon sich jahrelang. In einem Land, noch etwas weiter östlich als Majas Heimat.

Per Mail kündigte er mir seinen Besuch beim Abijubiläum an. Mit Bildern seines Apartments mit Fitnessraum, Jacuzzi und King-Size-Bett, in denen jeweils Simon saß. Und ein Gruß: »Best, Sam (So heiße ich hier ;)).«

Breitschultrig, breitbeinig und mit breitlippiger Begleitung betrat er das Jubiläum. Der Raum verstummte. Simon blickte sich um. Alle unverändert, nur älter, verformt vom Sitzen und Gebären. Er grinste. »Druschba! Oder, wie ihr sagt: Guten Abend!« Sie starrten ihn an. Simon räusperte sich. »Druschba heißt Freundschaft. Ist auch eine Grußformel.« Tuscheln. Er hob den Finger. »Der Wortstamm ist Drusch…« Plötzlich ein Ruf: »Super, Samen!« Dann lachten sie. Alle. »Samen?« Seine Begleitung kicherte. Und lachte mit.

Als der Chef des Chefs mir die Hand von der Schulter nahm, biss ich in meine Currywurst.

Ich kann meine Träume nicht planen

Ich will absagen. Einem Verlag. Einem Traum. Der Verlag wollte ein Buch von mir. Ich wollte immer ein Buch schreiben. Mit Gedanken, die anregen. Mit Sätzen, notiert vom Morgengrauen bis zur Abenddämmerung in die Stille der Nacht hinein. »Klingt nach einem ausgefeilten Plan«, sagt meine Literaturagentin. »Und wenn ich scheitere?«, frage ich. »Sachbuchecke geht immer«, sagt die Agentin.

Mit geplanten Träumen kenne ich mich nicht aus.

Als mir der Buchvertrag vorgelegt wurde, war ich ein Mann, der viel träumte. Seither traten in mein Leben: ein Job, ein Mensch, ein Mini, Elternzeit, Teilzeit und Umzug. Nun bin ich ein Mann, der viel plant. Im Morgengrauen sortiere ich Apfelschnitzen, in der Abenddämmerung sortiere ich Bauklötze, und in der Stille der Nacht sortiere ich mich und merke: Ich schaffe es nicht. »Verschieben geht immer«, sagt die Agentin.

Verschieben ist Absagen für Menschen, die nicht erwachsen werden wollen.

Mein Kindheitstraum ging in die gleiche Klasse. Maria kam von weit her und lebte nebenan. Sie hatte dunkle Augen, dunklere Locken und viel Geduld. Seit ich nicht mehr an der Hand meiner Mutter zur Schule gehen wollte, holte sie mich morgens ab. Häufig musste sie warten. Manchmal meine Schnürsenkel binden. An Marias Hand wäre ich gerne zur Schule gegangen. Doch im Winter trug ich Handschuhe, im Sommer hatte ich Schwitzehände, und im Rest des Jahres klammerte ich mich an Regenschirme. Maria lehnte Regen ab. »Wo meine Familie herkommt, scheint die Sonne, und wenn ich groß bin, ziehen wir beide dahin«, sagte Maria. »Wann sind wir groß?«, fragte ich. »Nach den Sommerferien«, sagte Maria. Ich nickte und träumte weiter. Dann waren die Sommerferien vorbei und Maria sagte mir ab. Sie wartete jetzt auf Nils aus der Klasse über uns. »Er ist so erwachsen«, sagte Maria.

Niemand war erwachsener als Tante Greta. Das erzählten sie mir schon in meiner Kindheit.

Als sie noch ein Teenager war, sagte Greta einer Revolution ab. Für Cary, der so filmreif aussah, wie er hieß, weshalb sich meine Tante in ihn verliebt hatte. »Unsterblich«, wie sie murmelte, als sie mit Schlaftabletten vollgestopft auf dem Biedermeier-Esstisch lag. Die übrigen Möbel waren auf dem Weg in den Westen. Genauso wie das halbe ungarische Volk, in jenem Sommer 1956. Unsere Familie gehörte zur anderen Hälfte. Weil Cary in einer Kaserne saß und Tante Gretas Liebe zu ihm größer war als zur Freiheit. Während ihr Magen ausgepumpt wurde, beendeten sowjetische Panzer die Revolution der Ungarn. Ein paar Monate später beendete eine durchreisende Amerikanerin Cary und Greta.

Cary starb in San Francisco. Greta lebte bis zuletzt in Budapest, in einer Wohnung, die so dunkel war, dass ich mich nur an den Geruch von Zigaretten und Aprikosenschnaps erinnere und an ihre Stimme, die nie bereute. »Wir hatten die besten Monate, die Menschen haben können.«

In der Stille der Nacht stehe ich oft am Bett des Mini. Es liegt da und atmet leise. Mein Leben ist ein Traum. Das Buch ist fertig.

Ich betreue den Panda, der mein Kind betreut

Ich organisiere. Die Kinderbetreuung. In der Kita gab es nur Platz auf der Warteliste. Dafür gibt es jetzt Oma, Opa, Tante, Teilzeit. Und den Panda. Der trägt die Hauptlast. Natürlich ist der Panda kein Panda. Er sieht nicht mal so aus. Er ist blondhaarig und weißzahnig und kommt vom Ende der Welt. Als Au-pair.

Es gibt viele Geschichten über Au-pairs. Sie wurden mir alle erzählt. Die Geschichten handeln von wankelmütigen Familienvätern, blutjungen Frauen und viel Sex.

Ich weiß nicht, ob es diese Vamp-Au-pairs gibt. Ich weiß nur, dass unser Au-pair keines ist. Sie sitzt morgens am Tisch. Ihr Körper versinkt in einem Schlabberpulli, ihr Blick versinkt im Nichts, ihr Löffel versinkt im Haferbrei. »Schmeckt es?«, fragt der Mensch, der mir viel bedeutet. Das Au-pair nickt stumm. Sie schweigt immer. Beim Frühstück, beim Abendbrot. Sogar bei den Ausflügen, wenn wir ihr die Stadt zeigen, hat sie nur einmal etwas gefragt. Auf der Plattform des Fernsehturms. »What is the Fernsehturm?«

Kommen wir unter der Woche nach Hause, liegt das Aupair neben dem Mini auf dem Boden. Erblickt sie uns, zieht sie sich in ihr Zimmer zurück, wo sie den Abend verbringt. Unterbrochen von einer Schweigemahlzeit. Erst nachts wird sie aktiv, tappst zum Tiefkühlfach, zur Eiscreme. »Fragen wäre schön«, sagt mein Mensch. »Immerhin isst sie was«, sage ich. »Und stellt ihre Schüssel nie in die Spülmaschine.«

Nachtaktiv, antriebsarm und am liebsten in der Höhle. Ein Vamp? Ein Panda.

Ich bereiste das Land des Pandas vor Jahren. Das Geld dafür verdiente ich bei einem Ferienjob im Dorf, wo ich Zahnbürsten in kleine Kartons sortierte. In einem Gebäude, das aussah wie ein großer Karton. Dort saß ich an einem Tisch. Vor mir ein Berg buntborstiger Bürsten, neben mir ein halbes Dutzend weißhaariger Frauen. Alle in Rente, alle aus der Gegend, alle hießen Inge. Aus einem Radio plätscherten Lieder von Liebe und Schmerz, aus den Frauen plätscherten passende Geschichten.

Jeden Montag ging es los. Mit einem Ereignis vom Wochenende. Beliebt: Unfall, Herzinfarkt, Hochzeit. Inge 1 sagte: »Habt'r vum Unfall g'hört am Bolzplatz?« Inge 2: »Unfall!?« Inge 3: »War des der Matthias?« Inge 4: »Welcher Matthias?« Inge 5: »Der Sohn vom Friseurg'schäft, da wo sich die Astrid die Haar' mache lässt.« Inge 4: »Die Astrid aus Kaffhause? Mit den Kindern …?« Inge 6: »… die den Max g'heiratet hat.« Inge 2: »Hochzeit!?« Inge 4: »Welcher Max?« Inge 1: »Der Hübsche.« Inge 5: »Hat dr net ein Herzinfarkt …?« Inge 2: »Herzinfarkt!?« Ohne Struktur, ohne Ende, ohne aufzuschauen. Bis Freitagmittag.

Ich wartete auf die Welt. In einem Karton voller Inges. Die ich ignorierte. Bis ich über Sonja nachdachte. Sie hatte die Familie verlassen, laut Inge 3. Welche Sonja? Ich hoffte auf eine Antwort. Die ganze Woche. Am Montag darauf verbrachte ich die Pause am Tisch, um zu erfahren, ob der Dorfmetzger ein Trunkenbold war, wie Inge 4 vermutete. Eine Woche später warf ich einen Namen samt Herzinfarkt in die Runde. Am Ende kannte ich die Menschen aus der Gegend, teilte ihren Schmerz, freute mich an ihrer Liebe. Und als ich ging, wusste ich, woher ich kam.

Auf meiner Reise sprach ich kein Wort. Niemand hieß Inge. Niemand hätte mich verstanden.

Am Wochenende klingelte es an unserer Tür. Um sechs Uhr früh. Ich öffnete. Vor mir stand der Panda. Zerzaust, in einer Wolke aus Alkohol und Erbrochenem. »Schlüssel verloren at a Party«, murmelte sie, »geschlafen vor die Door.« – »Komm rein«, murmelte ich und ging zurück ins Bett. »Was ist?«, fragte der Mensch, der mir viel bedeutet. Ich überlegte. Und sagte: »Unser Panda ist angekommen.«

Ich möchte in der Schwere schweben

Ich bin ratlos. Wegen eines Knies. Es gehört dem Menschen, der mir viel bedeutet. Sie braucht das Knie für die Arbeit. Für den Tanz. Für die Bühne. Für den Ort, an dem ich sie zum ersten Mal sah. Weiß das Kostüm, rot der Vorhang, schwarz die Kulisse. Zu ihren Füßen der Saal, über ihr die Opernkuppel. Sie schwebte. Jetzt kauert sie. Auf dem Küchenboden. Das Knie ist dick.

Nachts wache ich auf und überlege, was sich ändert, wenn sich daran nichts ändert. Wo werden wir wohnen? Wie leben? Und wie schweben, wenn Leben schwer wird?

Unsere Freunde sagen: »Egal was ist – haltet euch an eurer Liebe fest.«

Johannes hielt nie fest. Er ließ immer los. Johannes war der Sänger unserer Schulband und erinnerte an Kurt Cobain. Mehr als unser Landkreis an Seattle. Genug, um sehr begehrt zu sein.

»Du lässt mich fallen«, sagte Alice, als sie erfuhr, dass er mit einer anderen zum Abschlussball ging. Obwohl sie seine Tanzpartnerin war. Und noch mehr. Aber das wusste keiner. Weil Johannes es verschwieg. Denn Alice schwebte nicht, Alice trampelte. Im Tanzkurs stand sie auf Füßen, weil sie es nicht besser wusste. Im Unterricht ging sie auf Nerven, weil sie alles besser wusste. Und in Gesprächen machte sie beides. Fanden die anderen. Deshalb fand es auch Johannes.

Nach dem Abschlussball kam der Abiball, und Johannes tauschte die andere Tanzpartnerin gegen eine Sängerin gegen eine Konzertveranstalterin gegen die Managerin eines Musiklabels. Dann hatte er einen Plattenvertrag und ich verlor ihn aus den Augen, weil ich mich aufs Schreiben konzentrierte. Ich schrieb für ein Lokalblatt, eine Agentur und eine Zeitung. Die Chefs wollten mich halten. Ich ließ los. Und studierte noch mal.

Nebenher schrieb ich für ein Magazin, in dem Prominente auftauchten, mit denen viele Menschen viele Erinnerungen verbanden und ich gar nichts. Auch nicht mit dem Sänger, den ich interviewen sollte, weil er sehr alt war und seit jungen Jahren verheiratet.

Der Sänger empfing mich im Salon seiner Villa und im Trachtenjanker. Neben ihm saß seine Frau. »Wie schafft man das?«, fragte ich. »Ich hab' jede Tournee abgelehnt, bei der ich sie nicht mitnehmen konnt'«, sagte der Sänger. »Viele Tourneen?«, fragte ich. Er nickte. »Teuer war's, auch künstlerisch.« Dann schaute er seine Frau an, streichelte über ihren Arm. »Aber diese blauen Augen waren's wert.« Seine Frau lächelte. Ihre Augen waren grau und trüb.

Nach dem Interview brachten die beiden mich zur Tür. Ich stieg in ein Taxi, sie winkten. Mit einer Hand. Mit der anderen hielten sie sich.

Kurz nachdem Johannes seinen Plattenvertrag unterschrieben hatte, brach die Musikindustrie zusammen. Heute organisiert er ein Gitarrenfestival im Schwarzwald. Alice ist verheiratet und Professorin an der US-Ostküste. Sie wusste es besser.

Ich blicke den Menschen an, der mir viel bedeutet. Und kauere mich zu ihr auf den Küchenboden.

BALANCE

Wie Eltern die Balance finden

Der Anfang meines Glücks war das Ende meiner Liebe. Aber das ahnte ich damals nicht. Und noch weniger ahnte ich, dass Glück für mich irgendwann bedeuten würde, ein Kind in einen Strampelanzug zu stecken. Denn an jenem Tag steckte das Glück vollständig in einem Briefumschlag. Mein Arbeitsvertrag mit einem Magazin, als Redakteur, als Elternzeitvertretung. Eine Stelle von zeitlich befristeter Dauer in einer Stadt Hunderte Kilometer weit entfernt, ab sofort. »Mach es«, sagte meine Liebe. »Wirklich?«, sagte ich.

Ich hatte Judith nichts von meiner Bewerbung erzählt. Weil ich nicht an ihren Erfolg glaubte. Weil ich ihren Erfolg fürchtete. Judith war zu mir gezogen, vor Kurzem erst. Aus dem Land, das für mich Ausland war, bis Judith es zur Heimat machte. Wir hatten dort gemeinsam studiert, in einem Städtchen, das fast nur aus Campus bestand und in dem keine Frau solche Grübchen beim Lächeln hatte wie Judith. Judith lächelte oft, redete wenig und wenn, dann leise. Gerade laut genug für ein Städtchen, in dem keiner unsere Sprache sprach. Laut genug für mich.

Jetzt lächelte Judith nicht. Sie drehte sich weg. Ich streckte die Hand aus, fasste ihre Schulter. Ließ sie wieder los. »Mach es.« Weinte sie? Ich fragte nicht. Ich fand keine Worte. Und bald auch keine Zeit mehr.

Abschied, Umzug, Einstieg. Vorstellung beim Chefredakteur. Ein kluger Mann, der noch klüger aussah. Anzug ohne Krawatte, silbernes Haar, gerade so lang, dass es seriös und künstlerisch zugleich wirkte. Er redete über das Magazin und die Redaktion, über Abläufe und Aufgaben und darüber, wie sehr sich alle freuten, dass ich nun dabei war. Dann gab er mir die Hand und einen Tipp. »Als Veteran und Familienvater.« Er blickte mich an. »Wir leben unsere Arbeit. Das verstehen oft nicht mal unsere Liebsten.« Kurzes Lächeln, er beugte sich vor. »Bereuen Sie nichts. Nie.«

In den nächsten Wochen erzählten mir Kollegen, dass der Chefredakteur immer da sei. Trotz Familie, Urlaubsanspruch und vereinzelten Erkältungen. Sie erzählten mir auch von vergangenen Zeiten, von den hohen Ansprüchen, die das Magazin einst gehabt hatte, und dem Erfolg, der so groß gewesen war, dass Prämien und Champagner zum Redaktionsalltag gehört hätten wie die Mittagspause. Meist sogar in Kombination. Die Ansprüche waren noch da. Das Geld nicht. Ich arbeitete viel und verdiente wenig. Und bereute trotzdem nichts. Tagsüber beschäftigte ich mich mit interessanten Themen, nachts schrieb ich schöne Sätze, und auf den Partys, zu denen ich eingeladen wurde, waren lauter Menschen, die sich gegenseitig fragten: »Was machst du so?«, und bei denen die Antwort nie langweilig war.

Judith fragte immer, wie es mir gehe und wann wir uns wieder sehen könnten. Sie rief oft an, obwohl sie auch am

Telefon wenig redete. »Wenn etwas mehr Zeit ist«, sagte ich und erzählte ihr von der Arbeit.

Von meinem Interview mit dem Schriftsteller, der beim Schreiben so unerträglich war, dass sich seine Frau von ihm getrennt hatte. Von meinem Porträt des Malers, der einen Türsteher vor seinem Atelier postiert hatte, damit der die Familie draußen hielt. Von meinem Treffen mit dem Musiker, der nachts musizierte und tagsüber schlief und deshalb noch nie eine Beziehung hatte.

Wenn ich alles erzählt hatte, schaute ich für den Rest des Gesprächs auf den Bildschirm meines Computers, notierte bedeutungsschwere Sätze für Artikel und sprach bedeutungslose Worte in den Hörer. Jedes Mal.

Bis Judith eines Tages noch etwas anderes fragte. Ganz leise. Zu leise für mich. »Judith, kannst du bitte noch mal lauter …« – »Vermisst du mich?« Stille. Sie weinte.

Von da an rief Judith nur noch selten an. Als sie schließlich gar nicht mehr anrief, sahen wir uns wieder. Sie wartete am Bahnhof, küsste mich auf die Wange. Wir gingen in ein Café, so wie alle Heimatlosen. Judith erzählte von der Arbeit. Sie hatte jetzt einen Job an der Uni. Mit komplizierter Stellenbeschreibung. Die Arbeit sei toll, sagte Judith und klang nicht danach. Ich gratulierte trotzdem. Dann standen wir wieder am Zug, traten von einem Bein auf das andere, so lange, bis ich sagte: »Es tut mir leid.« Judith blickte das Gleis hinunter, blickte zu mir, holte Luft und sagte: »Deine Arbeit ist dir heilig. Das verstehe ich. Aber niemand kann mehr als einen Gott haben.«

Am nächsten Tag fuhr ich in die Heimat, die mir geblieben war. Zu meinen Eltern, zu meinen Freunden, die noch in der Gegend lebten und mittlerweile auch Eltern waren. Die Freunde hatten unterschiedliche Jobs und machten alle das Gleiche. Eine Arbeit mit geregelten Zeiten und geregeltem Einkommen. Sie hatten so viel Sicherheit, dass sie sich über meine Geschichten freuten.

Ich erzählte ihnen von Judith, von dem Magazin, von dem Versuch, Liebe und Arbeit zu vereinen, und wie er scheiterte. Wir redeten lange. Und als die Kinder schon schliefen, erzählten meine Freunde, wie auch sie scheiterten. Wie ihre Kinder von einem Versprechen zu einer Belastung wurden.

Für eine Pädagogin, gut ausgebildet und gut verheiratet. »Die Kinder sind schon toll«, sagte sie, »aber sie nehmen mir die Luft zum Atmen.« Alles drehe sich um den Nachwuchs. Deshalb gehe sie jetzt eine Woche in ein Yoga-Retreat. »Ich will mich wieder spüren.«

Für einen Vater, erfolgreich genug, um eine Nanny zu beschäftigen. »Wir machen Pärchenurlaub«, sagte der Vater. »Wir sind so erschöpft, wir brauchen mal Zeit für uns.«

Für eine Erzieherin, die immer drei Kinder wollte. Jetzt hatte sie zwei. Und wollte kein weiteres mehr. »Auf gar keinen Fall. Kinder werden immer als so toll dargestellt. Dabei können sie echt auch ätzend sein.«

Es klagten nicht etwa Cafébesitzer, die Kinder per Verbotsschild fernhalten. Sondern junge Eltern, die weder sozial noch psychisch auffällig sind. Trotzdem tauchte der Nachwuchs bei ihnen nur in »Ja, aber«-Sätzen auf. Ja, ich liebe mein Kind, aber es ist anstrengend. Sicher bin ich glücklich, aber meine Ruhe fehlt mir. Natürlich will ich das Kind nie mehr hergeben, aber mehr Schlaf wäre toll. Elternliebe mit Beipackzettel. Damit jeder weiß, was für Nebenwirkungen sie haben kann.

Ich dachte an den Chefredakteur. Für die Arbeit leben und nichts bereuen. Ich dachte an Judith. Deine Arbeit ist dir heilig, aber niemand kann mehr als einen Gott haben. Hätten wir jemals eine Familie haben können? Und zu welchem Preis? Wie hätte ich über unsere Kinder geredet? Hätte ich mich diesem neuen Klageton angeschlossen, der offenbar herrschte, wenn es um Kinder ging? Schließlich klagten schon jene, die ihre Arbeit nur verrichteten, dauernd. Über die Belastung, die Kinder bedeuten. Über den Einschnitt, den ihre Geburt darstellt. Über die Beschränkungen in den Jahren danach.

Das Online-Marktforschungsinstitut YouGov befragte im Jahr 2016 mehr als tausendzweihundert Eltern nach ihren Gefühlen. Acht Prozent würden sich nicht noch mal für Kinder entscheiden, weitere elf Prozent zweifelten. Forscher des Rostocker Max-Planck-Instituts haben nachgewiesen, dass Kinder das Glück von jungen Eltern erheblich reduzieren. Die Geburt eines Kindes belastet ein Paar mehr als die Scheidung oder der Tod eines Partners.

Was ist passiert? Wann wurde aus dem Versprechen eine Belastung?

Eine Erklärung findet sich bei der israelischen Soziologin Orna Donath. Sie befragte dreiundzwanzig Frauen zwischen fünfundzwanzig und fünfundsiebzig Jahren, die zwei Gemeinsamkeiten hatten: Sie alle waren Mütter. Und sie alle bereuten es. Die Studie wurde 2015 zur Regretting-Motherhood-Debatte und sorgte für Aufruhr, vor allem in Deutschland. Feministische Autorinnen feierten sie als Befreiung und steuerten eigene Erfahrungen bei. Man fühle sich als Mutter wie in einem Käfig, fremdbestimmt. Geschenkt, dass die Situation von Müttern in Israel anders ist. Geschenkt auch, dass die Frauen betonten, sie würden ihre Kinder lieben. Stattdessen fehlte in allen Medien nie die Information, dass die Regretting-Studie ein Tabubruch sei. Gern garniert mit dem Hinweis auf den deutschen Muttermythos, der von den Nationalsozialisten bis zur Rabenmutter reiche. Das Tabu wird bis heute weiter gebrochen, mit Büchern wie *Die Mutterglück-Lüge* oder *Aufruhr in den mittleren Jahren*. Ist also ein Teil des elterlichen Unbehagens durch eine überfällige Emanzipation zu erklären? Haben Mütter schon immer so gefühlt, es aber nie gesagt? Bei dieser Erklärung wird ignoriert, dass es das Tabu der bereuenden Mutter so gar nicht gibt. Schon lange zuvor bereuten Frauen wie Brigitte Bardot ihre Mutterschaft öffentlich, während Intellektuelle wie Élisabeth Badinter und Barbara Vinken den Muttermythos sezierten.

Niemand muss mehr schwanger werden. Laut Statistischem Bundesamt stieg der Anteil der kinderlosen deutschen Frauen zwischen 2012 und 2016 von zwanzig auf einundzwanzig Prozent. Die ersten Jahre mit Kind mögen belastend sein, aber was gänzlich ignoriert wird: Kinder können es sich nicht aussuchen, geboren zu werden. Sie haben keine Wahl. Das Interessante an der Debatte ist daher nicht die Studie, sondern ihre Rezeption. Was ist das für eine Gesellschaft, die auf Kosten der Schwächsten ihre Tabus bricht? Und das als Emanzipation feiert? Müsste sich echte Emanzipation nicht gegen Privilegien richten? Gegen die Väter? Also gegen jene, die 2014 in einer AOK-Studie behaupteten, ihre Frauen würden etwa die Hälfte der Hausarbeit erledigen. Wobei die Frauen ihren Anteil eher bei achtzig Prozent sahen. In einer anderen Studie erklärte ein Drittel der Mütter, dass sie sich wie Alleinerziehende fühlten. Trotz Partner. Dazu passt, dass Männer nach der Geburt eines Kindes mehr Überstunden machen. Männer spüren sich nicht eine Woche lang im Yoga-Retreat. Sie spüren sich mehrmals die Woche im Büro.

Statt die Ungerechtigkeit zu ändern, stimmen Väter in die Klage der Mütter ein. In der von ZEIT, Infas und dem Wissenschaftszentrum für Sozialforschung Berlin (WzB) erstellten Vermächtnis-Studie waren fünfundneunzig Prozent der Mütter und dreiundneunzig Prozent der Väter die eigenen Kinder sehr wichtig. Auf die Frage aber, ob sie auch kommenden Generationen ans Herz legen würden, Kinder ebenso wichtig zu finden, stimmten nur noch zweiundachtzig Prozent der Mütter zu und achtundachtzig Prozent der Väter.

Die Eltern lieben ihre Kinder, aber hadern mit dem Elternsein. Sind das nur ambivalente Gefühle? Die meisten Eltern wissen, wie es ist, wenn aus dem geliebten Kind ein gefühlter Feind wird. Weil es beim Schlaflied lieber mitsingt als einschläft, Brei lieber wirft als isst. Jede Mutter, jeder Vater hat mal einen schlechten Moment. Doch eine Debatte, die über Jahre andauert, ist keine Momentaufnahme. Sie ist ein Symptom für eine gesellschaftliche Verschiebung.

Die Tage nach meiner Rückkehr aus der Heimat verbrachte ich in der Redaktion. Die Nächte auch. Ich saß vor dem Computer, den ich mit Sätzen fütterte, während ich mich von Pizza ernährte. Meist kalt, aber immer noch wärmer als meine Wohnung. Wärmer als mein Bett sowieso.

Das Schreiben bewahrte mich vor dem Denken. Und dem Fühlen. Vor der Welt. Ich bemerkte nicht, wie die Kollegen Feierabend machten, wie die Dunkelheit in mein Büro kroch, wie die Woche verging. Ich bemerkte noch nicht einmal die Gestalt, die sich eines Nachts in meinen Türrahmen stellte. Bis sie fragte: »Noch da?«

Ich zuckte zusammen. Drehte mich um. Das Licht des Flurs zeichnete den Schattenriss eines Menschen in den Türrahmen. Es glänzte auf seinem Anzug, erleuchtete sein silbernes Haar. »Manchmal möchte ich einfach diesen Gang hier hinunterlaufen und alle Glastüren einschlagen. Sie nicht auch?«, fragte der Chef. War er betrunken? Ich versuchte zu lächeln, überlegte und sagte: »Nein. Da würde ich doch Ärger von meinem Chef kriegen.« Er lachte kurz auf. Es klang wie ein Bellen. »Stimmt, niemand haut das Familienmobiliar ungestraft kaputt.« – »Sehen Sie uns als Familie?« Stille. Nickte er? Lächelte er? Ich hörte nur seine Stimme. »Wir sind freier.« Er drehte sich um, trat auf den Flur hinaus. Das Licht fiel auf sein Gesicht. Unter seinen Augen lagen Schatten.

In den folgenden Wochen sah ich seine Umrisse noch einige Male nachts über den Gang wandern. In meinem Türrahmen stand er nie wieder. Dafür war mir mehrmals, als hätte ich seine Stimme aus einem Zimmer am Ende des Korridors gehört. Einmal schienen sogar zwei Menschen an meiner Tür vorbeizuhuschen. Aber bis ich aufgestanden war, um nachzusehen, hatten sich die Schritte schon wieder entfernt. Außerdem war ich mir nicht sicher, ob ich mich nicht getäuscht hatte. Am Ende des Gangs gab es nur Toiletten, Kopierer und das Praktikantenzimmer. Was sollte ein Chefredakteur dort wollen? Das war mir unklar. Bis zur Weihnachtsfeier.

Dort stand das, was er wollte, neben ihm. Im Abendkleid, mit hohen Schuhen und noch ein bisschen höheren Wangenknochen. Sie hätte seine Tochter sein können. Das Alter passte und auch die Frisur, die seiner ähnelte, nur in Kastanienbraun. Was nicht passte, war die Hand, die der Chefredakteur seiner Begleitung auf den Hintern legte. Er winkte mich zu sich. Ich trat heran. »Darf ich Ihnen Larissa vorstellen?« Händeschütteln. Ihre Hand lag in meiner, weich und warm, wie eine tote Maus. »Kennen wir uns?«, fragte ich. Sie lächelte. »Ich war mal Praktikantin im Magazin.« – »Ach daher!« Ich nickte ihr zu. Und dem Chefredakteur. Sein Gesicht war braun gebrannt, sein Hemd einen Knopf weiter offen als sonst. Er hatte Urlaub gemacht. Im Süden. Nächste Woche gehe es zum Skifahren. »Aber erst mal hole ich uns was zu trinken«, sagte Larissa und ging zur Bar.

Der Chefredakteur schaute ihr nach, lange. Dann sagte er: »Larissa gibt mir Liebe und lässt mir Freiheit. Es passt perfekt.« Hatte er zu mir gesprochen? Oder zu sich? Ich blickte ihn an. Das braun gebrannte Gesicht, das aufgeknöpfte Hemd, das Lächeln. Vielleicht sollte ich ihn beglückwünschen. Vielleicht … Ein Mann stellte sich neben uns. Kanariengelber Anzug, grauer Schnurrbart. Durch den Körper des Chefredakteurs ging ein Ruck, er ergriff die Hand des Mannes und hauchte: »Guten Abend!« Dann wandte er sich an mich. »Sie dürfen unseren Verleger begrüßen. Den Mann, der den ganzen Spaß hier bezahlt.« – »Seit Jahrzehnten«, sagte der Kanariengelbe, hielt mir die Hand mit der Rückseite hin, als wollte er, dass ich sie küsse. Er fragte: »Wer ist der jungsche

Spund?« – »Die neueste Wunderwaffe der Redaktion«, rief der Chefredakteur. Ich nahm die Hand des Verlegers. Fester Händedruck, fester Blick, ich sagte: »Es ist mir ein …« – »Hey, was haben wir denn da?«, sagte der Verleger. Sein Blick lag nicht mehr auf mir, seine Hand nicht mehr in meiner. Ich drehte mich um. Larissa. »Meine Partnerin«, sagte der Chefredakteur. »Und ich wollte Sie gerade zu Ihrer schönen Tochter beglückwünschen«, sagte der Verleger. Die Männer lachten. Larissa lächelte. Ich war vergessen.

Als der Verleger gegangen war und die Nacht schon weit vorangeschritten, sah ich Larissa und den Chefredakteur noch einmal. Auf der Tanzfläche. Eng umschlungen. Sie hatten nicht nur mich vergessen, sondern auch alle anderen. Redaktion, Familie, Welt.

Gefühle sind die Wirklichkeit des Fühlenden. Wenn einem Kind eine Eiswaffel auf den Boden fällt, weint es aus echter Verzweiflung. Wenn Eltern unter ihrem Elternsein leiden, ist es ebenfalls ein echtes Gefühl. Ob angemessen oder nicht, ihr Unglück ist real. Man kann es nicht wegdiskutieren. Aber man kann fragen, was genau als Unglück empfunden wird. Was macht diese Gesellschaft unglücklich? Was macht sie glücklich? Familie ist den Deutschen wichtig wie lange nicht. Im jährlich erhobenen Werte-Index liegt sie auf Platz drei. Vor persönlicher Freiheit. Wie das zusammengeht? Die Marktforscher, die den Index erstellen, formulieren es so: Eltern wollen zunehmend ihre Rechte aus der Phase der Verliebtheit oder des Alleinseins weiterleben. Das klingt unvereinbar. Und das ist es auch.

Die Familie erlebt derzeit, was die Liebe schon hinter sich hat. Idealisierung und Ökonomisierung. Die große Liebe wird auf Tinder gesucht, wo der bessere Partner nur einen Wisch entfernt ist. Mit Bildern und Nachrichten, die Nähe suggerieren und Distanz garantieren. Und wenn es nicht passt, geht man eben.

Bei Kindern funktioniert das nicht. Kinder sind die letzte Verpflichtung in einer Welt voller Auswahl. Eine Verpflichtung, die mit dieser Welt kollidiert. Am deutlichsten mit der Arbeitswelt, zumindest wenn beide so gelebt werden wie derzeit. Der Beruf als Karriere, das Kind als Projekt. Familien arbeiteten in der Nachkriegszeit insgesamt achtundvierzig Wochenstunden. Heute sind es zweiundsiebzig. Die Zeit, die Eltern mit ihren Kindern verbringen, verdoppelte sich seit 1965 fast. Gespart wird an Freizeit, an Schlaf, an Sex. »Die überforderte Generation« nennt der Soziologe Hans Bertram diese Eltern zwischen dreißig und vierzig Jahren. Manche Forscher schlagen ein Lebensarbeitszeitkonto vor. Gearbeitet wird mal mehr, mal weniger, am Ende des Arbeitslebens wird abgerechnet. Das klingt gut. Nach einer technischen, effizienten Lösung. Leider sind Menschen weder technisch noch effizient. Wären sie es, würden keine Bilder gemalt, keine Bücher geschrieben, keine Melodien komponiert. Die entstehen aus jenen Irrungen, die Folge menschlicher Sehnsüchte sind. Die größte davon ist die nach Anerkennung. Doch Anerkennung für Kinder gibt es nicht. In einer Umfrage des Familienministeriums sagten neunzig Prozent der kinderlosen Frauen und Männer, dass Kinder das Sozialprestige nicht steigern. Obwohl alle zustimmten, dass Kinder »eine Bereicherung für Identität und Lebenssinn« seien.

Prestige sticht Sinn. Die Unvereinbarkeit, die Eltern jammern lässt, ist die zwischen Kindern und dem, was hierzulande wirklich zählt. In einer Gesellschaft, der der Philosoph Byung-Chul Han eine fast pornografische Ausstellung des Ich bescheinigt, einen Wunsch nach Individualismus, der im Konsum endet. Einen Wertewandel, weg von Normen und Pflichten, hin zur Selbstentfaltung, sieht der Soziologe Andreas Reckwitz. Eine neue akademische Mittelklasse wolle ihr Leben ästhetisch und ethisch durchstrukturieren. Gesundes Essen, gepflegter Körper, interessanter Beruf, vielseitige Freizeit. Kindliche Bedürftigkeit kann da nur stören. Kinder fordern ohne Rücksicht. Sie sind eine narzisstische Kränkung. Vierzig Jahre lang strebt man danach, ein superindividuelles Subjekt zu sein, und plötzlich ist man Objekt. Für ein Wesen, das nichts kann außer essen und ausscheiden.

Tatsächlich bereuen laut Vermächtnis-Studie besonders häufig Akademiker. Das Kind nimmt ihnen nicht nur die Selbstverwirklichung, es zerstört auch das sorgsam aufgebaute Selbstbild. Das Gerede über das Leben im Jetzt. Der Wunsch nach Entschleunigung. Die Erkenntnis, dass es wenig braucht zum Glück. Die neue Innerlichkeit, zelebriert mit selbst gemachter Marmelade. Der Frust über den Alltag mit Kind entlarvt all das als Selbstbetrug. Weil ein Kind eben gerade das ist: die Abkehr von Karriere und Konsum. Die Hinwendung zum Menschen. Es gibt kaum etwas Innerlicheres und Entschleunigteres, als einem Säugling stundenlang beim Krabbeln zu assistieren, fünfhundertvierundneunzigmal Kaufladen zu spielen oder einen Block mit Schneemännern vollzumalen.

Das Magazin *Neon* fragte seine Leser, wo diese sich mit vierzig Jahren sehen. Die Hälfte der Befragten, allesamt nicht älter als fünfunddreißig, sah sich mit ein bis drei Kindern in einem Haus am Stadtrand. Perfekte Idylle. Familie als Instagram-Bild. Die Vorstellung von Familie passt sich den eigenen Wünschen an. Aber nur, bevor die Kinder geboren sind. Die elterliche Enttäuschung darüber kann man durch Geld und Gesetze mildern. Aber nicht beseitigen. Anerkennung lässt sich nicht verordnen.

Es gibt allerdings eine Elterngruppe, die in der Vermächtnis-Studie weniger bereute als andere: die Ostdeutschen. Sie leben emanzipierter, bekommen früher Kinder und haben geringere Erwartungen, was für Elternschaft gegeben sein muss. Woher die Leichtigkeit kommt? Forscher an der Charité fanden heraus, dass Ostdeutsche weniger narzisstisch sind.

Auch mein Leben änderte sich in einer Stadt im Osten. Ich hatte gerade das Magazin verlassen, als ich dort meinen Menschen kennenlernte. Die Stadt war nur erreichbar mit mehreren Stunden Zugfahrt. Ich fuhr jede Woche, spätestens am Freitagnachmittag. Bis wir Eltern eines Mini wurden. Und ich keinen Zug mehr nahm, sondern Elternzeit.

Ein halbes Jahr in der Stadt, in der mein Mensch arbeitete und ich niemanden kannte. Und auch niemanden kennenlernte. Außer dem Bäcker, dem Metzger und der Besitzerin des Käseladens. Menschen, die ich jeden Tag sah, wenn ich einkaufen ging. Die einzigen Menschen, denen ich meine ganze Aufmerksamkeit und sogar ganze Sätze widmen konnte, weil der Weg zu ihren Läden mit Kopfsteinpflaster bestückt war. Der Belag, aus dem die Tagträume des Mini waren. Wenn es hoppelte, schlief es. Je hoppeliger, desto tiefer.

In unserer Wohnung war Laminat verlegt. Sauber, glatt, ohne einen einzigen Hoppel. Zu Hause schlief das Mini nur nachts. Tagsüber brüllte es. Außer, wenn ich es fütterte. Dann aß und verdaute es. Oder wenn ich Gebäude aus Taschentücherpackungen baute. Dann staunte und zerstörte es. Oder wenn ich mir eine Quietscheente auf den Kopf setzte. Dann lachte es und schlief ein, weil der Tag schon wieder vorbei war, ohne dass wir es gemerkt hätten.

Ich nahm das Mini in die Arme und trug es ins Schlafzimmer, legte es ins Bett und mich auf die Couch im Wohnzimmer, wo ich Nachrichten schaute. Irgendwo hungerten Menschen. Forscher klonten ein Lebewesen. Und im All entdeckte ein Teleskop einen Stern, auf dem es vielleicht Lebewesen gab. Dann folgten Bilder von einer Preisverleihung. Auf dem roten Teppich standen viele Menschen, die von vielen anderen Menschen gekannt wurden. Und ein Mensch, den ich kannte. Kastanienbraunes Haar, hohe Wangenknochen. Larissa. Neben sich ein Mann, der ihr Großvater sein könnte, im kanariengelben Anzug. Die Hand des Verlegers lag auf Larissas Hintern. Beide lächelten. Ich stellte den Ton lauter. Zu laut. Im Schlafzimmer begann das Mini zu schreien. Ich ging hinüber und nahm es auf den Arm. Dann setzte ich mir die Quietscheente auf den Kopf. Das Mini lächelte, legte seinen Kopf an meine Brust und schlief wieder ein. Ich bereute nichts.

Vielleicht ist es für Eltern an der Zeit, mit dem Jammern aufzuhören und mit dem Fragen zu beginnen. Nach dem Sinn. Aber auch danach, was man verpasst, wenn man keine Verpflichtungen eingeht. Ob nur Selbstverwirklichung Freiheit ist. Ob sie nicht auch aus Verantwortung entsteht. Nicht jeder Verzicht ist ein Verzicht. Mancher ist ein Gewinn.

Dank

Ein Buch. Ganz viel Dank.

Zuallererst an Rasha Khayat für Ratschläge, Aufmunterung und Freundschaft. Ohne Dich gäbe es diese Seiten nicht.

Ein Dank auch an meine Lektoren Angela Tsakiris und Jan Valk für ordnende Ideen und abgeräumte Deadlines.

Und ein Dankeschön an die Chancisten der ZEIT, ganz besonders an Manuel J. Hartung, Jana Spychalski, Jeannette Otto, Anna-Lena Scholz und Anant Agarwala. Für sorgsame Redigate und liebevolle Überschriften. Für die Heimat, die ihr dieser Kolumne gebt. Ihr seid das beste Ressort der Welt.

Desweiteren bin ich zu Dank verpflichtet Michael Schönstein, Markus Flohr, Daniel Hofer, Daniel Erk, Sabine Rückert, Moritz Müller-Wirth, Inge Kutter, Karoline und Tilmann Kuhla und vielen anderen für Gespräche, Inspiration und Unterstützung.

Nagyon szépen köszönöm auch Dir, Anyukám. Du warst die perfekte Oma im perfekten Moment.

Und noch ein Danke. An Jenni. Für Liebe, Lola und dieses Leben. Für alles. Und noch mehr.